Siegfried Pater

Zuckerwasser
Vom Coca-Cola-Imperium

W0061682

Copyright bei RETAP Verlag, Bonn 2002
Postfach 150 106, D-53040 Bonn, Fax 02 28/23 79 67

Umschlags- und Gesamtgestaltung: Dietrich Pater
Titelfoto: Cynthia Rühmekorf
Lektorat: Berthold Langerbein
Karikaturen: Gerhard Mester
Druck: Kösel, Kempten

ISBN 3-931988-09-0

Siegfried Pater

Zuckerwasser

Vom Coca-Cola-Imperium

Mit einem Gastbeitrag von
Dr. med. Jürgen Birmanns

RETAP

Dieses Buch ist Dr. med. Max Otto Bruker gewidmet,
der ein Ärzteleben lang gegen die Ernährungslügen
der Zuckerlobby kämpfte.

Inhalt

Einleitung

„Als Christus das Gleichnis vom Weizenkorn erdachte, tat er es, weil alle Welt wusste, was ein Weizenkorn ist. Genauso ist es heute mit der Coca-Cola. Wenn jemand eine Cola-Flasche sieht, versteht er, egal ob Christ oder Heide, Ausländer oder Ungläubiger, er holt sich eine Flasche und kennt sie. Deshalb rede ich heute in Gleichnissen von Coca-Cola."

Pfarrer aus Georgia/USA

Täglich fließen mehr als eine Milliarde Coca-Cola-Getränke die Kehlen hinab. Von Alaska bis Feuerland, von Paris bis Peking, von Kapstadt bis Marrakesch, überall auf der Welt. Coca-Cola ist der globale Markenartikel schlechthin. Nach einer Studie der Harvard Business School ist „Coca-Cola" heute nach „okay" das bekannteste Wort der Erde. Welches entfernteste Eiland man auch betritt, die braune Brause ist schon da.

Davon wusste auch die RTL-Ansagerin Frauke Ludewig bei der Eröffnung der Ausstellung „Faszination Coca-Cola" im Bonner Haus der Geschichte im Juli 2002 zu berichten: Sie hatte Urlaub in der Karibik gemacht. Auf irgendeiner kleinen Insel schlug sie sich durch wildes Gestrüpp, bis sie am Fuße eines Wasserfalls meinte, das Ende der Welt erreicht zu haben. Vom Durst gepeinigt, fürchtete die Exklusiv-Blondine, Quellwasser trinken zu müssen. Dies blieb ihr aber erspart, berichtete der Kölner Fernsehstar der geladenen Prominenz im Foyer des Museums. Denn „Eingeborene" hatten Kühltaschen geöffnet und ihr erfrischende Coca-Cola gereicht.

Um die Peinlichkeit abzurunden, gab der ebenfalls aus
dem Fernsehen bekannte Literaturkritiker Helmut Kara-
sek unumwunden zu, er sei 1952 zwar offiziell wegen der
Freiheit aus der DDR geflohen, in Wahrheit aber vielmehr
scharf gewesen auf Cola und Camel.

Den anderen DDR-Bürgern jedoch blieb jahrzehntelang nur der Erwerb der koffeinhaltigen Brause auf dem
Schwarzmarkt, und zwar zu horrenden Preisen. Aber als
am 9. November 1989 die Berliner Mauer fiel, wurde das
„Symbol der Freiheit" kostenlos verteilt. Die Coke-Stra-
tegen in Atlanta konnten endlich einen der letzten weißen
Flecken auf ihrer Weltkarte mit Cola-Rot ausmalen.

Doch nicht immer verliefen die „Feldzüge" der US-
Markteroberer so friedlich. Gelten doch die US-Soldaten
als die idealen Werbeträger für die globale Verbreitung
der „Flasche der Freiheit". Ob in Vietnam, im Kongo oder
in Honduras, Coca-Cola stärkte stets die Moral der Truppe. Im Zweiten Weltkrieg wurde dafür gesorgt, dass jeder
Mann in Uniform die Möglichkeit bekam, eine Flasche
für 5 US-Cents zu kaufen. General Dwight D. Eisenhower
gab am 29. Juni 1943 von Algier aus folgende Bestellung
auf: „Erbitten die Lieferung von drei Millionen gefüllten
Flaschen Coca-Cola." Techniker von Coca-Cola wurden
in Uniformen gesteckt, um Abfüllanlagen an den Fronten
zu errichten. Wie „notwendig" dies war, belegt ein Brief,
den sieben Soldaten aus Casablanca an die Coca-Cola-
Company schrieben: „Wenn uns irgend jemand fragt, wofür wir eigentlich kämpfen, sagt bestimmt die Hälfte von
uns, für das Recht, wieder Coca-Cola kaufen zu können."

Kaum zu glauben, dass der Ausgangspunkt dieses Sie-
geszuges ein kleines, einfach eingerichtetes Labor in Atlanta im US-Bundesstaat Georgia war. Dort rührte der
Quacksalber John S. Pemperton im Jahre 1886 einen Sirup, der gegen Kopfschmerzen und Müdigkeit helfen sollte. So die offizielle Version. Es ging dem drogenabhängi-

gen Mediziner jedoch um ein Mittel, das ihn von der Sucht befreien sollte.

Entstanden ist daraus aber ein Getränk, das eine ganz andere Sucht erzeugt: die Sucht nach Süßem, die Sucht nach Zucker.

Wer würde schon in ein 0,33 Liter Glas Flüssigkeit zwölf Stück Würfelzucker geben, umrühren und trinken? Niemand, es sei denn in Form von Coca-Cola.

„Coca-Cola wird jeden Tag – überall auf der Welt – von Millionen von Menschen getrunken", heißt es in der Werbung. Einer von ihnen ist der Richter Hans Josef Brinkmann. „Mach mal Pause – trink Coca-Cola" hat er jahrelang praktiziert. Ergebnis: Diabetes.

Laut Umfrage unterschätzen 90 Prozent der Bevölkerung den Zuckergehalt des koffeinhaltigen Muntermachers. Woher sollen sie es auch wissen, fehlt doch auf den Dosen und Flaschen eine diesbezügliche Mengenangabe. Genau deshalb klagt der zuckerkranke Richter auf Schadensersatz.

Schützenhilfe erhält der klagende Richter von einem Leidensgenossen – einem Cola-Konzessionär. Er war einer der ersten, der nach der Ausbildung in Atlanta, den zuckerhaltigen Drink in Deutschland vertrieb. „Ich musste mit den Kunden immer Cola trinken, denn dieses Getränk war ja noch nicht so bekannt."

Da er sich damals über Ernährung überhaupt keine Gedanken machte, führte der zentnerweise konsumierte Zucker zu Übergewicht und schließlich zur Zuckerkrankheit. Der Cola-Vertreiber versuchte alles, von Fastenkuren bis Diäten. Erst als er den Zucker wegließ, ging es ihm besser. Cola konnte er dann aber nicht mehr überzeugend verkaufen.

Hans Josef Brinkmann hat die gleiche Erfahrung gemacht: „Nachdem ich die zuckerhaltigen Cola-Getränke und Schokoriegel konsequent weglasse, hat sich der Blut-

zucker normalisiert." Was wusste er schon von Zuckerkonsum und Diabetes, so der Richter. Brinkmann war der
Werbung „auf den Leim gegangen". Zum Beispiel Aussagen wie der auf einem Faltblatt: „Trinken mit Spaß und
Verstand". Da behauptet Coca-Cola dreist, Zucker sei
ein idealer Geschmacksträger und „zuckerhaltige Erfrischungsgetränke, die sich seit Jahren großer Beliebtheit
erfreuen, können daher wichtiger Bestandteil einer ausgewogenen Ernährung sein".

Unterstützt werden solche Aussagen durch Gutachter
der Zuckerlobby. Aber zahlreiche Studien belegen den
Zusammenhang zwischen Zuckerkonsum und Diabetes.

„Wenn sich auch nur ein kleiner Teil dessen, was wir
über die Auswirkungen von Zucker gesichert wissen, für
irgendeinen anderen Nahrungsmittelzusatz stichhaltig
nachweisen ließe, würde dieser Stoff mit Sicherheit verboten werden." So die Aussage des renommierten Forschers John Yudkin.

Mit dem weltweiten Siegeszug der Junk-Foods, wie
Hamburger und Coca-Cola, stieg in der sogenannten Drit-
ten Welt auf erschreckende Weise die Anzahl der an
Diabetes Erkrankten. Wissenschaftler wie Prof. Dr. P.
Zimmet vom Lions-International Diabetes Institute in
Melbourne warnten auf dem von Bayer organisierten
3. Internationalen Acarbose-Symposium „The New World
Syndrome" vor einer „wahren Diabetes-Epidemie in vie-
len Teilen der Welt".

„Während etwa bei den Ureinwohnern Mikronesiens
oder Australiens der Typ II-Diabetes noch vor wenigen
Jahrzehnten eine nahezu unbekannte Krankheit war, haben sie heute mit Inzidenzen zwischen 30 und 50 Prozent
die höchsten Diabetesraten der Welt. Und was besonders
schlimm ist: Die Menschen erkranken sehr jung, oft vor
dem 20. Lebensjahr – und sehr schwer", sagte Prof. Zimmet und zeigte erschreckende Bilder junger Menschen,

die Augenlicht und Gliedmaßen aufgrund ihres Diabetes
schon verloren haben.

Und da Coca-Cola geradezu zum „Zivilisationssymbol" geworden ist, drängt es sich förmlich auf, das wohl
bekannteste Produkt auf dieser Erde in Zusammenhang
mit der Verbreitung von solchen Zivilisationskrankheiten
zu bringen.

Im Katalog zur Ausstellung im Bonner Haus der Geschichte heißt es treffend: „So haben Menschen der unterschiedlichsten Kulturen, Religionen und Gesellschaften
eines gemeinsam: sie trinken alle Coca-Cola." Neben
dem Foto einer leeren Cola-Dose auf der Chinesischen
Mauer steht geschrieben: „Ob auf dem Mount Everest
oder in der Kalahari-Wüste, im atomgetriebenen U-Boot
oder im Space Shuttle, wo immer Menschen Grenzen hinter sich lassen – Coke war und ist dabei, hat eine universelle Gültigkeit."

Coca-Cola gibt es tatsächlich überall auf der Welt,
selbst in den Ländern Asiens, Afrikas und Lateinamerikas, die für Millionen Menschen kein sauberes Trinkwasser bereitstellen können. Und wenn es noch eines Beweises bedürfte, so sind es die roten Punkte in der Landschaft: Der weltweite Büchsenmüll, nicht nur auf der
chinesischen Mauer.

Wer das fast religiöse Sendungsbewusstsein der Cola-Leute verstehen will, der sollte das Coca-Cola Museum in
Atlanta besuchen. Der Rundgang beginnt mit einem Film,
mit wunderschöner Musik und Menschen aller Hautfarben, jedes Aussehens aus der ganzen Welt trinken Coke.
Der Ethnologe Sidney Mintz schildert seine Eindrücke so:
„Eskimos, Zulus, die ganze Welt hebt beinahe ab. Es ist
eine Art Fleischwerdung des Geistes von Coke." Mintz
sieht in dem Streifen „all die Assoziationen von Heilung,
Stärkung, Erfrischung, guter Kameradschaft, Freundschaft". Und folgende Botschaft kam bei ihm unmissver-

ständlich an: „Wenn die Menschen beieinander sind, sind
sie glücklich. Wenn sie glücklich sind, trinken sie Coke.
Und wenn sie Coke trinken, sind sie glücklich und sie
sind beieinander."

Der Ethnologe sieht in dem Museum „einen Tempel,
eine Synagoge, eine Kirche des Konsums". Und er ver-
gleicht die Pilgerstätte der Konsumisten mit einer Art Me-
dizinerbeutel der Indianer. Da diese in einem solchen
Beutel geheiligte Gegenstände als Ausdruck ihrer Iden-
tität als Volk mit sich führen. Für ihn ist „in gewisser
Weise das Coke-Museum wie ein solcher Medizinbeutel".

Noch direkter formulierte ein Vorstandsvorsitzender
während einer Hauptversammlung der Coca-Cola-Company in Atlanta die Firmenphilosophie: „Hier und heute in
den Vereinigten Staaten trinken die Menschen mehr Soft-
Drinks als jede andere Flüssigkeit, einschließlich ge-
wöhnliches Leitungswasser. Wenn wir unsere Chance voll
ausnützen, werden wir eines Tages, und zwar bald in diesem zweiten Jahrhundert unseres Bestehens, erleben, dass
die gleiche Welle Markt für Markt erfasst, bis schließlich
das Getränk Nr. 1 auf Erden nicht Tee oder Kaffee oder
Wein oder Bier sein wird, sondern Soft-Drinks, unsere
Soft-Drinks."

Dieses Buch schildert den Siegeszug des „Zuckerwas-
sers" von den USA ausgehend rund um den Globus. Es
lässt die Opfer der Cola-Kolonialisierung zu Wort kommen und beleuchtet den aufkeimenden Widerstand.

Das selbsternannte Symbol der Freiheit

„Eine der großen Gefahren der modernen Konsumkultur, der globalen amerikanischen Pop-Kultur und der Firmeninteressen, die dadurch gefördert werden, ist die Tatsache, dass damit dem Besonderen der Seele der einzelnen Nationen ein heimlicher Krieg erklärt wurde."

Politikwissenschaftler Benjamin Barber

Coca-Cola an der Front

Der eigentliche Gewinner des Zweiten Weltkrieges war Coca-Cola. Im fernen Italien, im heißen Nordafrika, auf einer einsamen Insel im Südpazifik merkten die amerikanischen Soldaten, was ihnen am meisten fehlte, und das war neben den Eltern, der Frau oder Freundin, eine Flasche Coca-Cola. Tausende von Briefen erreichten die Company, und General Dwight D. Eisenhower schickte sogar eine offizielle Bestellung aus Algier in Nordafrika – vielleicht die größte Bestellung, die jemals in Atlanta einging: „... erbitten wir die Lieferung von drei Millionen gefüllten Flaschen Coca-Cola ..." stand in dem offiziellen Schreiben vom 29. Juni 1943. Außerdem bestellte der General die Ausrüstung für zehn komplette Abfüllanlagen, damit Coca-Cola auch an der Front hergestellt werden konnte.

Bei den hohen Herren in Atlanta rannte Eisenhower damit offene Türen ein. Bereits 1941 hatte Robert Woodruff seine Mitarbeiter gebeten, „dafür zu sorgen, dass jeder Mann in Uniform die Möglichkeit bekommt, eine Fla-

sche für 5 Cents zu kaufen, egal, wo er sich gerade auf-
hält, und egal, was es die Firma kostet". Coca-Cola sollte
die Moral der Truppe stärken, heimwehkranken Soldaten
ein Stück Amerika an die Front bringen und sie daran er-
innern, wofür sie kämpften. Für die Freiheit natürlich,
aber vor allem für Amerika, und dieses Land wurde am
besten durch das Sternenbanner und die Sechseinhalb-
Unzen-Flasche aus Atlanta repräsentiert.

Innerhalb von sechs Monaten wurde die erste Abfüll-
anlage in Algier installiert. Es folgten 63 weitere Betriebe
innerhalb der restlichen Kriegsjahre, und die Armeefüh-
rung sorgte dafür, dass sie so nahe wie möglich an der
Kampfzone gebaut wurden. Mehr als fünf Milliarden Flaschen Coca-Cola tranken die amerikanischen Soldaten im
Zweiten Weltkrieg. Die braune Limonade eroberte die
Welt und wurde für die Moral der kämpfenden Truppe so
wichtig wie die aufmunternde Stimme des Präsidenten
oder ein Liebesbrief von zu Hause.

Aber auch die Menschen in den fernen Ländern lernten
Coca-Cola schätzen und lieben. Manch einer trank die Limonade zum ersten Mal, und die meisten waren so
begeistert, dass es ein leichtes für Coca-Cola war, nach
dem Krieg mit der eigentlichen Eroberung der Welt zu beginnen. Jetzt herrschte Frieden, und Amerika schickte
auch keine Soldaten mehr, sondern Manager und Experten der Coca-Cola Company, die vor allem die westliche
Welt und Südamerika mit einem Netz von Abfüllanlagen
überzogen. Alles Amerikanische wurde begierig von der
Weltbevölkerung angenommen, ob Lucky Strike oder
Glenn Miller oder Coca-Cola, und der braune Drink startete einen einzigartigen Siegeszug. Allein in Südamerika
wurden in den 40er Jahren 14 Länder in die Coca-Cola-
Familie aufgenommen.

Der Zweite Weltkrieg – ein Glücksfall für Coca-Cola,
so makaber das klingen mag. Die amerikanische Armee,

der beste Werbeträger, den die Firma je hatte, trug die Kunde von dem braunen Zaubertrank in alle Welt, und die kleine Flasche wurde zum Symbol von Freiheit, Frieden und Freundschaft. Was kann einer Marke besseres passieren?

Eine Flasche für 3000 Dollar

Irgendwo in Italien, im Herbst des Jahres 1943. Die Soldaten der 13th Field Artillery Brigade waren während der Invasion im November 1942 in Nordafrika gelandet, hatten nach Italien übergesetzt und rückten nun gegen die deutsche Front vor. Winterlicher Platzregen weichte den Boden auf, die Moral war auf den Nullpunkt gesunken, und jeder sehnte sich nach der Heimat.

Corporal Dudley Glover und Sergeant Major Woodrow Daniel hatten seit über einem Jahr keine Coca-Cola mehr getrunken. Allein der Gedanke an die braune Limonade machte sie durstig. Zum Glück ahnte ein guter Freund in Daytona Beach ihren Kummer. Ted Williams wickelte zwei Flaschen des kostbaren Saftes in ein paar Socken und schickte sie an die Front. Das kostbare Packet erreichte die Freunde im September 1943. Beim Anblick der beiden Flaschen brachen die Freunde in Tränen aus, und Colonal Johnson Hagood jr. sagte später: „Für meine Männer, die sich seit Herbst 1942 durch Afrika, Sizilien und Italien geschleppt hatten, bedeuteten die beiden Flaschen ein kleines Stück Amerika."

Die Öffnung der ersten Flasche machten die beiden Soldaten zum Ritual. Sie zogen mit ihren Kostbarkeiten aus dem Camp und setzten sich oberhalb des Flusses auf einen Hügel. Einer der beiden zog mit seiner Gürtelschnalle vorsichtig den Kronkorken ab, und dann trank man abwechselnd und in kleinen Schlücken, bis kein Tropfen mehr in der Flasche war. Die zweite Flasche wollten sie aufheben, bis die Berge auf der anderen Seite des Flusses erreicht waren und das Kleinod fachgerecht im Gipfelschnee gekühlt werden konnte.

Dazu kam es aber nie. Ein Freund überredete die beiden, ihren Schatz einer Lotterie zugunsten notleidender Angehöriger zur Verfügung zu stellen, und die Soldaten erklärten sich sofort einverstanden. Die Verlosung wurde in The Baracks Bag Express, der Brigade-Zeitung, ausgeschrieben. Mit einem Einsatz von 25 Cents hatte jeder Soldat die Chance, die unter höchsten Sicherheitsvorkehrungen bewachte Flasche zu gewinnen.

Nach drei Wochen waren 3007,73 Dollar zusammengekommen. Das war der höchste Preis, der jemals für eine im Handel befindliche Falsche Coca-Cola bezahlt wurde. Der glückliche Gewinner des Hauptgewinns hieß Vernon T. Anderson und war Colonel bei der 178th Field Artillery aus South Carolina.

„Wir kämpfen für das Recht, Coca-Cola kaufen zu können!"

Auf den geliebten Hamburger oder eine Zigarette konnte ein amerikanischer Soldat im Zweiten Weltkrieg zur Not verzichten – auf eine Flasche Coca-Cola nur sehr schwer. In vielen Briefen, die bei der Company und Verwandten in Amerika eingingen, wurde deutlich, wie sehr Coca-Cola zum Symbol der Heimat und eines freien Amerika geworden war.

Ein Sergeant aus Kansas schrieb an seine Eltern: „Es sind die kleinen Dinge und nicht die großen Dinge, für die ein Soldat in der Fremde kämpft. Die Freundin, die im Drugstore eine Coke trinkt, die Musikbox und das sommerliche Wetter. Der gewöhnliche Soldat will nach Hause, in seine alten Kleider schlüpfen und das tun, was er immer getan hat."

Ein amerikanischer Soldat, der irgendwo auf einer ein-

samen Insel im Pazifik stationiert war, schrieb an einen
Abfüller in Illinois: „Ich war immer der Meinung, dass
Coca-Cola ein tolles Getränk ist, aber auf einer Insel, die
nur wenige Weiße betreten haben, ist es ein Geschenk des
Himmels. Ich kann ihnen sagen, dass ich noch nie so
glückliche Gesichter gesehen habe, als sie sahen, dass es
auf dieser Insel Coca-Cola zu kaufen gibt."

Colonel Robert L. Scott, ein Mitglied der Flying Tigers
in China , schrieb in sein Buch „God is my Co-Pilot": „Ich
weiß nicht genau, was Demokratie bedeutet, aber bei unseren Gesprächen in China stellte sich heraus, dass wir für
das amerikanische Mädchen kämpften. Sie bedeutet für
uns Amerika, Demokratie, Coca-Cola, Hamburger, saube-
re Betten und amerikanischen Lebensstil."

Ein Pilot der Air Force schrieb nach Hause. „Ihr solltet
die wirkliche Geschichte des Krieges hören, die Sage einer echten Flasche Coca-Cola, der ersten, die ich hier gesehen habe. Ein Pilot zog sie unter einem Hemd hervor. Er
hatte sie dort versteckt, aus Angst, er könnte auf dem Weg
zur Unterkunft beraubt werden, Nachdem er ins Zimmer
getreten war, verschloss er erst einmal die Tür, bevor er
die Flasche unter seinem Hemd hervorzog. Er liebkoste
sie, rollte mit den Augen und schmatzte mit den Lippen,
so freute er sich darauf. Ich bot ihm einen Dollar für die
Hälfte der Flasche, dann zwei, drei und fünf Dollar. Aber
er brachte es nicht fertig, sie zu öffnen und verschloss sie
in einer Tasche. Hier ist meine Bestellung, wenn ich nach
Hause komme. Ich bestelle schon jetzt, um auch wirklich
sicher zu gehen, dass sie da sind, wenn ich komme, denn
ich möchte dann meinen Kopf in eine große Schale mit
Coca-Cola stecken."

Und ein einfacher Soldat schrieb an seine Mutter:
„Gestern war ein Feiertag. Ich erhielt deine beiden Briefe
und dann noch sechs Flaschen Coca-Cola. Sie sind ein
Geschenk von meinem Freund im Air Corps und die er-

sten Flaschen, die ich seit meiner Abreise sehe. Ich habe mich noch nicht entschieden, ob ich sie aufheben oder trinken soll. Ich habe jedem Offizier in meinem Zelt eine geschenkt und besitze jetzt noch drei. Wir stellen die Flaschen auf den Tisch, schauen sie an und sprechen darüber. Dann packen wir sie wieder weg, begierig darauf, sie am nächsten Tag wieder hervorzuholen. Wir könnten sie für 100 Dollar pro Stück verkaufen, denken aber nicht daran. Es ist schon erstaunlich, was Coca-Cola für einen Soldaten hier drüben bedeutet. Einige Männer haben sogar nach Hause geschrieben und darum gebeten, ihnen eine Flasche mit der Post zu schicken. Und bevor die Abfüllanlagen in Algier und Casablanca gebaut wurden, schrieben sieben Soldaten einen Brief an die Coca-Cola Company: „Wenn uns irgendjemand fragt, wofür wir eigentlich kämpfen, sagt bestimmt die Hälfte von uns, für das Recht, wieder Coca-Cola kaufen zu können."

Thomas Jeier/Hans-Georg Fischer

Chronologie eines Mythos

„Schwankend zog er die Spritze auf, stach sie sich in den Arm und injizierte sich langsam den Inhalt. Mit einem tiefen Aufseufzer schloss er sorgfältig Spritze und Stoff weg und begab sich an seine Experimente. John S. Pemperton war, als er mit den Experimenten begann, die schließlich zur Erfindung von Coca-Cola führen sollten, 54 Jahre alt. Er sah mindestens 10 Jahre älter aus. Und er war morphiumsüchtig."

Mark Pendergrast, Buchautor

Nach den Bürgerkriegswirren machte sich der Süden der Vereinigten Staaten von Amerika an den Wiederaufbau. Es war die Geburtsstunde des „goldenen Zeitalters", die Wandlung von der agrarischen zur städtischen Gesellschaft. Die Eisenbahn wurde zur Antriebsmaschine des Wandels und zum Rückgrat der Handelsmärkte. Eigentlich sollte die Dampfmaschine die Arbeit erleichtern, die damit einhergehenden raschen Strukturveränderungen belasteten aber die Menschen derart, dass eine ganze Generation erkrankte.

„Coca-Cola ging aus diesem turbulenten, innovativen, lärmenden, neurotischen neuen Amerika hervor", schreibt Mark Pendergrast in „Für Gott, Vaterland und Coca-Cola – Die unautorisierte Geschichte der Coca-Cola-Company".

Der Erfinder

Es ist das Jahr 1886, John S. Pemperton, hat es endlich geschafft. Wie so viele Soldaten des Bürgerkrieges ist er morphiumsüchtig und will davon loskommen. Nun hat der Quacksalber in seinem Labor in Atlanta einen Sirup angerührt, der, auf Extrakten des Coca-Blattes und der Cola-Nuss basierend, einen Ausweg aus der Sucht bringen soll. Außerdem soll sein Gebräu gut gegen Müdigkeit, Kopfschmerzen und Depressionen sein. Genau das richtige für eine Nation von Neurotikern. Als Pemperton auch noch zufällig Kohlensäure in seinen Sirup einbrachte, war die Coca-Cola geboren.

Am 29. Mai 1886 erscheint im Atlanta-Journal die erste Coca-Cola-Anzeige. Den bis heute erhaltengebliebenen Markenschriftzug entwarf sein Buchhalter ohne großen Aufwand, war es doch die Schreibweise der damaligen Zeit. Das legendäre Rot hat einen ebenso unspektakulären Ursprung. Pemperton erstand besonders günstig rote Fässer für seinen Sirup. So wurde dieses Rot die Farbe, mit der sein Erzeugnis weltberühmt werden sollte.

Doch Coca-Cola bringt seinem Erfinder weder Reichtum noch Heilung. Im Alter von 57 Jahren verkauft Pemperton, mittlerweile zum Arzt und Apotheker aufgestiegen, noch immer morphiumsüchtig, seine Firma. Er stirbt kurz danach am 16. August 1888 mittellos, ohne zu ahnen, dass seine Erfindung anderen großen Reichtum bescheren wird.

Ein frommer Käufer

Asa G. Candler, ein Apotheker und strenggläubiger Methodist war der Käufer. Für ganze 2300 Dollar erhielt er die kleine Produktionsstätte. Der fromme Familienvater und Lehrer in der Sonntagsschule gehörte zu der neuen Schicht von Südstaaten-Geschäftsleuten, für die das Geldverdienen eine Art von Gottesdienst war.

Doch bis zur Gründung der Coca-Cola-Company im Jahr 1892 kam es zu mysteriösen Vorgängen im Kampf um die Coca-Cola-Rezeptur. Pempertons Sohn Charly stellte als Erbe Ansprüche und starb unter ungeklärten Umständen. Gerichtsprozesse brachten gefälschte Urkunden ans Licht, die die rechtmäßige Übernahme der Coca-Cola-Formel durchaus fragwürdig erscheinen ließ. Erschwerend kam hinzu, dass Asa Candler beim Umzug in neue Räumlichkeiten die frühesten Aufzeichnungen der Coca-Cola-Company verbrennen ließ. Er soll die Geschmacksrichtung von Pempertons Formel leicht abgeändert und mit dem Geheimnamen „Formel sieben X" versehen haben.

Besessen von der Geheimhaltung brachte er die Formel niemals zu Papier und mischte sie persönlich hinter den verschlossenen Türen seiner Villa.

Vor allem aber pries Candler sein Wundergetränk überall an, sandte Vertreter wie Missionare in den ganzen Süden aus. Es war die Geburtsstunde der modernen Werbung.

„Die amerikanische Werbeindustrie entstand tatsächlich aus der Quacksalberei", so der Autor Mark Pendergrast. „Für eine Nähmaschine braucht man nicht zu werben. Die Menschen brauchen Nähmaschinen. Wundermedizin aber benötigte niemand." Pendergrast folgert daraus: „Also musste man sie in den Markt drücken. Das heißt, das Blaue vom Himmel zu versprechen." Zum ersten Mal wurde ein Image verkauft, nicht nur ein Produkt.

Was Pemperton versagt blieb, erreichte Candler. 1904 lief sein Geschäft mit dem braunen Zuckerwasser so erfolgreich, dass er sich einen Wolkenkratzer bauen ließ. Das erste Gebäude in Atlanta, das höher als die Kirchtürme war. Und um seinen Ruhm zu verewigen, lässt er eine Kassette mit einer Flasche Coca-Cola und seinem Bild einmauern.

Obwohl der Coca-Cola schon 1903 das Kokain restlos entzogen wurde, glaubten die Konsumenten noch lange Zeit, dass Drogen enthalten wären. Es werden zwar bis heute Coca-Blätter für die Herstellung verwendet, aber das Kokain wird herausdestilliert. Aber die Cola-Company profitiert vom sündigen Hauch, der der dunklen Brause anhaftet.

„Anständige Mädchen" der „gehobenen Klasse" putschten sich damals gerne mit Aspirin und Coca-Cola auf. Und da auch Kinder den koffeinhaltigen Drink liebten, prozessierte Harvey Wriley, der Gründer des amerikanischen Gesundheitsamtes, im Jahre 1911 gegen Coca-Cola. Weil der Brausegigant sich mit der Aussage verteidigte, die Coke sei gar nicht für Kinder, gilt seitdem die Einschränkung für die Werbung, niemals Kinder unter 12 Jahren in der Werbung zu zeigen.

Auch dazu fiel den Herren in der Chefetage der Cola-Company etwas ein, da sie natürlich auch und gerade die Kinder umwarben. Seitdem präsentieren magere, kleinwüchsige 12jährige das Koffeingetränk aus Atlanta. Denn wenn ein Kind mit Coke aufwächst, ist dies die beste Garantie, einen erwachsenen Cola-Trinker heranzuziehen.

Coca-Cola's Santa Claus

Wer schon einmal in Ländern wie Brasilien in der Vorweihnachtszeit den mittlerweile für die ganze Welt typischen Nikolaus im dicken roten Mantel mit weißem Pelzbesatz und Zipfelmütze gesehen hat, verdankt diesen Anblick, bei dem man unweigerlich ins Schwitzen gerät, einem Werbegrafiker von Coca-Cola. 1931 wurde Had-

don Sundblom beauftragt, eine ganz besondere Figur mit
Coca-Cola in Verbindung zu bringen. Entstanden ist der
pausbäckige Mann mit dem weißen Bart, den leuchtende
Kinderaugen fast überall auf der Welt als Santa Claus
kennen. Bevor er zum Schutzpatron von Coca-Cola wurde, gab es vom heiligen Nikolaus nur Darstellungen als
eher hagerer, strenger Mann, der oft grüne, gelbe oder
braune Kleidung trug.

Bill Baker, ein ehemaliger Direktor, schilderte das Er-
folgsrezept der Werbung so: „Die alte Coca-Cola-Company, für die ich gearbeitet hatte, war tatsächlich wie eine
Religionsgemeinschaft. Hieß es, mit Coca-Cola geht es
Dir besser, dann ging es um jemand, der eine Coke trank
und dessen Leben dadurch eine Spur heller wurde." So
habe es sich auch mit dem Slogan „It'Is a real thing" verhalten: „Wir wussten zu jeder Zeit, was gerade die richti-
gen Dinge waren. Das war alles."

„Coca-Cola ist wie ein religiöses Mantra", analysiert
die klinische Psychologin Carol Moog den Erfolg der
Strategen aus Atlanta, „Coke verkauft Sinnstiftung über
Generationen hinweg, quer durch die unterschiedlichsten
Kulturen. Sie versprechen alles, was grundlegend und
wichtig für Menschen ist, fast wie bei einer Religion."

Pepsi's Angriff

Auf diesem Erfolgsweg reihten sich natürlich auch Konkurrenten ein. Viele Marken kamen und gingen. Aber
Pepsi-Cola entwickelte sich zum hartnäckigsten Wettbewerber. In den 60er Jahren beginnt ein regelrechter Wer-
bekrieg zwischen Pepsi und Coke. Unter dem damaligen
Pepsi-Direktor John Bergin gelang mit dem Slogan „Die
Pepsi-Generation" der erfolgreiche Angriff: „Generation
ist riesig. Wir erheben Anspruch auf die ganze Jugend
Amerikas." Coke baute weiterhin auf alle Altersgruppen

und Schichten der Bevölkerung. Ted Sann, ehemaliger Direktor von Coca-Cola drückte es so aus: „Ein Erfrischungsgetränk ist so etwas wie ein Button. Man zeigt, wer und was man ist, und zu welcher sozialen Gruppe man zählen will."

Mit Michael Jackson startete Pepsi den größten Prominenten-Spot zur damaligen Zeit. Der Cola-Krieg ging in die heiße Phase. Pepsi-Colas Marktanteil wuchs daraufhin in den frühen 80er Jahren um 20 Prozent. Auf dem Werbeschlachtfeld opferten die Cola-Giganten jährlich über eine Milliarde Dollar. Doch Pepsi ist es bis heute nicht gelungen, das Image von Coca-Cola zu erlangen, das lautet: „Coke ist Amerika". Als Pepsi in der Wirtschaftskrise begann, in alten 1-Liter-Bierflaschen Cola abzufüllen und für nur 5 Cent zu verkaufen, legte die Konkurrenz zwar kurzfristig beim Umsatz zu, verlor aber an Image. Es galt als zweitklassiges Getränk für Arme.

Im Süden wurde Pepsi abfällig „Niggerdrink" genannt und im Nachbarland, wo man auf die französischen Kanadier herabblickte, hießen diese zu jener Zeit im Volksmund „Pepsis". Ebenso wie McDonald's im Fast-Food-Bereich den lästigen Konkurrenten Burger King immer stärker auf Abstand hält, gelingt dies Coke bis heute auch mit Pepsi.

Standesgemäß sind die Erfolgreichen auch noch eine „Ehe" eingegangen, so dass nun zum Big Mäc die Coke serviert wird.

Der Cola-Boss

Seit 1923, als Robert Woodruff, der mit 33 Jahren damals jüngste Chef eines amerikanischen Konzerns, die Geschäftsleitung bei Coca-Cola übernahm, wuchs der Brausegigant über alle Grenzen. Von dem hochgewachsenen dynamischen Cola-Mann, der aus der Automobilbranche

kam, und den alle nur „Boss" nannten, werden viele Ge-
schichten erzählt, die seine Eigenwilligkeit unterstrei-
chen. So ließ er sich einen eigenen Fahrstuhl bauen, der
nur zu seinem Büro führte. Wenn er doch mal einem An-
gestellten begegnete, der ihn mit „Guten Morgen,
Mr.Woodruff" begrüßte, soll dieser, stets mürrisch an seiner Zigarre kauend, zurückgeknurrt haben: „Was ist gut
daran?" Er gab die Order aus, dass „Coke immer nur eine
Armeslänge" von den Menschen entfernt sein darf.

Mit dem Boom beim Automobilbau expandierte auch
Coca-Cola. Woodruff erkannte die Bedeutung der Tank-
stellen als den Umschlagplatz für seine Drinks und ließ
die ersten Cola-Automaten aufstellen: „Anhalten, tanken,
Coke trinken, ein wunderbarer Kreislauf."

Unter dem Druck der Prohibition steigt die Absatzkur-
ve des alkoholfreien Getränkes noch einmal gewaltig an.
Doch auch als in der Wirtschaftskrise das Alkoholverbot
aufgehoben wird, blüht das Geschäft. Die 5-Cent Brause
ist ein willkommener Muntermacher gegen demoralisie-
rende Arbeitslosigkeit und die Schlangen vor den Sup-
penküchen. Egal, ob gute oder schlechte Zeiten, Coca-
Cola gewinnt immer.

Die offizielle Zeittafel

1886: John S. Pemberton, Arzt und Apotheker aus Atlan-
       ta/Georgia, erfindet am 8. Mai ein Tonikum, das
       gegen Kopfschmerzen und Müdigkeit helfen und
       gleichzeitig auch erfrischend sein soll. Coca-Cola
       nennt er den Drink, der – mit Sodawasser aufge-
       sprudelt – für fünf Cent pro Glas in Drugstores und
       Sodabars angeboten wird.
1887: Pembertons Buchhalter, Frank M. Robinson, ge-
       staltet den noch heute für Coca-Cola typischen,
       geschwungenen Jugendstil-Schriftzug.

1888: Der Softdrink wird immer beliebter. Ein cleverer Geschäftsmann namens Asa G. Candler kauft für nur 2300 Dollar alle Anteile an der Firma und alle Rechte an dem Getränk.

1892: Mit einem Grundkapital von 100.000 Dollar gründet Candler die THE COCA-COLA COMPANY in Atlanta.

1894: Coca-Cola wird erstmals in Flaschen abgefüllt.

1895: In jedem Bundesstaat der USA ist Coca-Cola jetzt verfügbar.

1896: Coca-Cola gibt es auch in Kanada, Hawaii und Kuba.

1916: In der Glasmanufaktur „The Root Glass Company" wird das Design der legendären Flaschenform entworfen. Erst 44 Jahre später wird sie unter dem Namen „Georgia Green" als Trademarke geschützt.

1919: Familie Candler verkauft THE COCA-COLA COMPANY für 25 Millionen Dollar an ein Bankenkonsortium in Atlanta.

1928: Coca-Cola zieht in die amerikanischen Haushalte ein. Mit Erfolg: Dank der „Bring the Coke home" – Kampagne trinken die Amerikaner mehr Coca-Cola zu Hause als an den Soda Fountains. Im Sommer ist Coca-Cola in Amsterdam zum ersten Mal Sponsor der Olympischen Spiele und ist es ohne Unterbrechung bis heute geblieben.

1929: Coca-Cola kommt nach Deutschland. Am 8. April wird die erste Flasche in Essen abgefüllt.

1930: Die „Coca-Cola GmbH" wird in Essen als Nachfolgerin der „Essener Vertriebsgesellschaft für Naturgetränke" gegründet. Das Headquarter in Atlanta entwickelt eine sensationelle Neuheit. Der erste Getränkeautomat wird aufgestellt.

1931: Der schwedisch-amerikanische Zeichner Haddon

Sundblom gibt Santa Claus den typischen rot-wei-
ßen Coca-Cola-Look.

1940: Die Rohstoffe für die Produktion in Deutschland
werden knapp. Als „Ersatz" wird ein neues Getränk auf Molkebasis entwickelt: Fanta.

1941: Die Produktion von Coca-Cola in Deutschland
wird eingestellt.

1949: Ab dem 3. Oktober wird Coca-Cola wieder produziert. Plakate verkünden: „Coca-Cola ist wieder
da".

1954: Die ersten Flaschen-Kühlautomaten werden aufgestellt.

1955: „Mach mal Pause – trink Coca-Cola": Ein Werbe-
slogan, der zu Beginn der Wirtschaftswunderjahre
schnell zum geflügelten Wort wird.

1963: Deutschland-Premiere für die erste Coca-Cola in
Dosen.

1969: Die 1 Liter Pfandflasche mit Schraubverschluss
wird eingeführt.

1982: Zum ersten Mal wird in den USA ein neues Getränk unter der Schutzmarke Coca-Cola eingeführt: Diet-Coke.

1983: Der Fitness-Trend erobert die Welt. Diet-Coke,
hier Coca-Cola light genannt, begeistert auch
Deutschlands figurbewusste Verbraucher. Kurz
darauf gibt es auch Coca-Cola koffeinfrei.

1984: Die Einführung einer „New Coke" führt in Nord-
amerika zu nicht geahnten Konsumentenprotesten.
Erst als auch die „Classic-Coke" wieder angeboten
wird, sind die Verbraucher wieder zufrieden. Im
selben Jahr hebt Coke ab: Dank eines ausgeklügelten Verschlusssystems müssen auch die Astronau-
ten im All nicht auf ihre Coke verzichten.

1989: In Berlin fällt am 9. November die Mauer. Nur einen Tag später verteilen Mitarbeiter Coca-Cola an

die Menschen, die es jahrzehntelang nicht trinken konnten. Coca-Cola wird zum Symbol für Freiheit und Demokratie.

1990: Einführung der 1,5 Liter PET Mehrwegflasche. „Die leichte Mehrweg" ist vollständig recyclebar.

1997: In der Vorweihnachtszeit startet in Deutschland zum ersten Mal die Coca-Cola-Weihnachtstour mit original amerikanischen Trucks. Spektakulärer Abschluss: Die Fahrt durch das Brandenburger Tor.

2001: Coca-Cola feiert am 8. Mai 115. Geburtstag.

2002: Der Euro ist da. Europa wächst zusammen. Bei der Fußballweltmeisterschaft in Japan und Korea ist Coca-Cola wieder am Ball.

Geheimnisvolle Rezeptur

Zutaten

Inhaltsangabe auf einer 0,33 Liter Dose Coca-Cola:

- ○ Wasser
- ○ Zucker
- ○ Kohlensäure
- ○ Farbstoff E150d
- ○ Säuerungsmittel
- ○ Phosphorsäure
- ○ Aroma
- ○ Koffein

Aber was ist wirklich enthalten?

Das Geheimnis wird gelüftet

Das Coca-Cola-Rezept gilt landläufig als das wohl am besten gehütete Geheimnis der Industrie. Es soll so geheim sein, dass es nach einer Marketing-Saga unter dem Namen „Formel 7 *100" in einem Banktresor der Trust Company in Atlanta aufbewahrt werde. Demnach versteckt das Unternehmen die Rezeptur vor sich selbst, denn man sollte annehmen, dass zur Herstellung des Getränkes die Rezeptur recht genau bekannt sein muss. In der Fachwelt ist die Zusammensetzung von Cola-Getränken deshalb genauso wenig geheimnisumwittert wie die jedes beliebigen anderen Softdrinks:

88 Prozent Wasser

Das Wasser wird aufbereitet, entcarbonisiert, enthärtet und entkeimt. Die Sterilisation erfolgt gewöhnlich mit 10 ppm Chlor, das anschließend mit Aktivkohle wieder entfernt wird, um unerwünschte Reaktionen im Getränk zu vermeiden. Dann wird entgast, um den Sauerstoff zu entfernen, der die Aromen angreifen könnte.

10,5% Zucker

Die einzelnen Zuckerarten liegen je nach Produkt in wechselnden Verhältnissen vor. Meist ist es eine Mischung aus Saccharose (30–60 g/l) und HFCS (30–60 g/l).

HFCS (High Fructose Corn Syrup) wird durch enzymatische Spaltung von Maisstärke gewonnen. Die dabei entstehende Glucose wird mit einer Glucose-Isomerase in Fructose umgewandelt, bis ein Verhältnis von 42% Fructose und 58 Prozent Glucose erreicht ist. Daraus trennt man die Glucose wieder ab und verschneidet mit isomerisiertem Glucosesirup auf einen Gehalt von 55 Prozent Fructose und 45 Prozent Glucose. Da die Zucker als mikrobiell anfälliger Flüssigzucker zugesetzt werden, folgt noch die Entkeimung mit UV-Strahlen.

1 Prozent Kohlendioxid (E 290)

entstammt entweder industriellen Verbrennungsvorgängen (Prozesskohlensäure), Quellen (natürliche Kohlensäure) oder fällt in Brauereien als natürliche Gärungskohlensäure an. Sie wird gereinigt, getrocknet, verdichtet und verflüssigt. E 290 sorgt für das Sprudeln und das ausgeprägte Mundgefühl (Prickeln ist eine Schmerzempfindung) und konserviert.

0,2 Prozent Zuckerkulör (E 150d)

verleiht der wasserklaren Flüssigkeit die typisch braune Farbe. Ohne diesen Farbstoff wurde das Produkt bei Verkostungen von der Mehrzahl der Prüfer nicht wiedererkannt. Für Colagetränke wird gewöhnlich E 150d, d. h. Ammoniumsulfit-Zuckerkulör verwendet. Es handelt sich nicht um Karamell, sondern um Glucosesirup, den man in der Hitze mit Ammoniumbisulfit zu einem braunen Endprodukt polymerisieren lässt. Durch diesen Prozess entsteht eine besonders säureresistente Zukerkulör, die nicht mit anderen Zutaten reagiert und daher nicht ausflockt.

0,05 Prozent Orthophosphorsäure (E 338)
Säuren regen den Speichelfluss an und verstärken so das Durstgefühl. Sie verdecken auch etwas den süßen Geschmack des Zuckers. Je höher der Säuregehalt, desto mehr Zucker kann zugesetzt werden, so dass sich über die Erhöhung der Viskosität wiederum das Mundgefühl verstärken lässt. E 338 verstärkt außerdem das Aroma und erhöht die Haltbarkeit. Die Säure wird wegen ihrer Aggressivität in gummiverkleideten Stahlgefäßen oder Kunststofffässern in Sirupform gehandelt. Im fertigen Colagetränk ist sie stark verdünnt:
    Das Gerücht, man könne mit Cola Fleisch auflösen, stimmt nicht.

0,025 Prozent Zitronensäure (E 330)
E 330 unterstützt die konservierende Wirkung von E 290 und schützt aufgrund ihrer komplexierenden Eigenschaft den Farbstoff und das Aroma vor Oxidation. Kristalline Zitronensäure wird heute biotechnologisch aus den Schimmelpilzkulturen Aspergillus oder Candida gewonnen. Deshalb sind allergische Reaktionen aufgrund von Sporen nicht auszuschließen. E 330 ist nur einigen Colagetränken zugesetzt.

0,025 Prozent Saccharoseacetatisobutyrat (SAIB)
Aromaöle sind leichter als Wasser, so dass sie sich wäh-

rend der Lagerung allmählich an der Oberfläche sammeln
und zu milchigen Trübungen führen. SAIB mischt sich
mit Aromaölen, „beschwert" sie und sorgt für eine gleich-
mäßige Emulsion und Verteilung in der Brause. Der Zu-
satzstoff SAIB ist nach geltendem Recht eigentlich deklarationspflichtig. Derzeit wird jedoch allgemein auf eine
Kennzeichnung verzichtet.

0,02 Prozent Koffein Theobromin
fallen reichlich bei der Herstellung von koffeinfreiem
Kaffe und Tee an. Sie stammen zum geringeren Teil aus
den Extrakten von Colanüssen, Cocablättern, Matetee
oder Kaffeebohnen.

0,18 Prozent Aromamix
Neben den eigentlichen Aromen enthält diese Mixtur Lösungsvermittler wie Propylenglykol oder Glycerin, Verdi-
ckungsmittel wie Xanthan, Gerbstoffe wie Tannine, die
als Fixateure wirken, und Konservierungsmittel wie Nat-
riumbenzoat. Damit machen die ätherischen Öle nur einen geringen Teil der Mischung aus. Die genannten weiteren Zusätze sind nicht deklarationspflichtig. Das Kern-
stück des „Cola-Geheimnisses" besteht aus:

34,5	%	Colasamen-Extrakt
15	%	Limetten-Destillat
10	%	Zitronenschalen-Destillat
8,5	%	Kakao-Destillat
7	%	Kaffee-Destillat
5	%	Mate-Destillat
4	%	Mandarinenblätter-Tinktur
3	%	Johannisbrot-Tinktur
3	%	Bittere-Orangen-Tinktur
2	%	Cocablätter-Tinktur, cokainfrei
1,7	%	Ingwer-Tinktur
1	%	Zitwer-Destillat

1   %   Holunderblüten-Tinktur
1   %   Macisblüten-Tinktur
1   %   Kalmus-Tinktur
1   %   Mimosenbaumrinden-Extrakt
0,5 %   Ysopkraut-Tinktur
0,5 %   Zimt-Extrakt
0,3 %   Vanille-Extrakt

Diese Rezeptur kann durch folgende Mischung ätherischer Öle verstärkt werden:
50 %   Zimtöl
15 %   destilliertes Limettenöl
15 %   Zitronenöl
10 %   Orangenöl
5   %   Ingweröl
5   %   Corianderöl

Die Anbieter von Markencolas beliefern ihre Abfüllbetriebe gewöhnlich mit Zwei-Komponenten-Systemen, die erst bei der Sirupherstellung vermischt und mit Wasser verdünnt werden. Eine Komponente enthält vor allem die Aroma-Topnote und die Lösungsvermittler, die andere die Säure-Phosphat-Lösung mit Farb- und Gerbstoffen sowie dem Restaroma.

Nebenwirkungen der braunen Brause

„Durstlöscher" wie Cola erzeugen zumindest bei der Ratte großen Durst. Versuchstiere, die über vier Wochen ein kohlensäurefreies Handelsprodukt ad libitum trinken durften, konsumierten 2- bis 3-mal soviel Flüssigkeit wie Vergleichstiere, die nur Wasser erhielten. Dafür sank ihre Futteraufnahme auf etwa die Hälfte, entsprechend niedrig war auch die Calciumzufuhr. Dies kompensierten die Ratten durch eine verminderte Calcium- Ausscheidung. Obwohl die Studie dem Mineralhaushalt galt, fehlen Anga-

ben zum Phosphat. Des weiteren bestätigte sich hier die
Kariogenität von Cola. Unerklärlicherweise verlor das
Fell der Ratten den Glanz, und die Tiere litten an Durch-
fällen. Obwohl Langzeitstudien eine Degeneration von
Leber- und Nierengewebe erbracht hatten, blieben die
Funktionswerte von Leber und Nieren unverändert.

Leberschäden durch Aroma
Trinken Mäuse statt Wasser Cola, so lassen sich bereits
nach vier Wochen Schäden im Erbgut der Leberzellen
(kovalente DNA-Addukte) nachweisen. DNA-Addukte
gelten als ein entscheidender Schritt bei der Entstehung
von Krebs, und sie werden als Mitursache von Herz-
Kreislauf-Krankheiten diskutiert.

Für die Entstehung der Addukte ist vor allem Myristicin und in geringerem Umfang auch Safrol verantwortlich. Myristicin ist der Hauptaromastoff von Muskat (My-
ristica fragrans), einer wichtigen Zutat von Cola-Getränken. Safrol kommt in Muskat zwar nur in geringer Menge
vor, gilt aber als kanzerogen. Beide Substanzen werden
von der Mutter auf den Fötus übertragen, so dass sich
auch in der fötalen Leber entsprechende DNA-Addukte
nachweisen lassen. Die gesundheitliche Bedeutung für
den Menschen, insbesondere für Schwangere, kann noch
nicht festgestellt werden.

Zahnlos durch Zahnpasta, Fruchtsaft und Cola
Säure- und zuckerhaltige Speisen greifen bekanntlich die
Zähne an. Eine Untersuchung an saudi-arabischen Rekru-
ten bestätigt diesen Zusammenhang. Am stärksten waren
jene betroffen, die regelmäßig Cola tranken. Sie litten unter Karies, offenen Zahnhälsen und Zahnausfall. Eine ausgeprägte, wenn auch deutlich geringere Kariogenität wiesen phosphatfreie Limonaden sowie Fruchtsäfte auf.

Ein Kuriosum am Rande: Diejenigen, die regelmäßig

ihre Zähne mit Zahnpasta putzten, litten zwar seltener unter Zahnfleischbluten, sie verloren jedoch mehr Zahnsubstanz. Die Autoren erklären dies mit einem verstärkten Abrieb durch den Putzkörper, der den Zähnen der Cola-trinker so arg zusetzen konnte, weil der Zahnschmelz von dem sauren Getränk angegriffen und damit „chemisch modifiziert" war. Zähneputzen ohne Zahnpasta erwies sich als günstiger, da der angegriffene Zahnschmelz in diesem Fall durch Speichelbestandteile remineralisiert werden konnte.

Alzheimer-Gedächtnis-Brause
Die hohen Aluminiumgehalte im Gehirn von Alzheimer-Patienten ließen einen Zusammenhang mit der Aufnahme von Aluminium aus der Nahrung bzw. aus den Verpackungsmaterialien vermuten (EU.L.E.N-SPIEGEL 1995/H. 4/S. 1–7). Das Leichtmetall ist jedoch sehr korrosionsbeständig, da sich an seiner Oberfläche spontan eine stabile Oxidschicht bildet, sobald es mit Wasser oder Luft in Berührung kommt. Brisant wird es, wenn Alu-Dosen mit Zitronen- oder Phosphorsäure in Kontakt kommen. Beide Säuren greifen die schützende Oxidschicht an und lösen durch ihre komplexierende Wirkung erhebliche Aluminiummengen heraus. Die höchsten Aluminiumgehalte wurden in Dosen-Cola, gefolgt von Dosen-Limonade, ermittelt. Cola-Getränke enthalten typischerweise Orthophosphorsäure, die erheblich aggressiver als Zitronensäure ist. Weitere korrosionsfördernde Inhaltsstoffe sind Kohlensäure, Ascorbinsäure und Natriumcitrat.

Kinder: Knochenbrüche durch Cola
Cola-Getränke wirken sich ungünstig auf die Knochengesundheit von Mädchen aus. Dies ergab eine Untersuchung an 127 amerikanischen Kindern im Alter von 8–16 Jahren. Je mehr Cola die Mädchen tranken, desto häufiger

kam es zu Knochenbrüchen. Ursache ist vermutlich der hohe Gehalt an Phosphat, da andere Limonaden keinen Einfluss ausübten. Sportliche Aktivität erwies sich als vorteilhaft, ebenso eine erhöhte Calciumaufnahme.

Bei den Jungen erwies sich als einziger präventiver Faktor die Kalorienzufuhr. Je reichlicher sie aßen, desto seltener litten sie unter Frakturen. In einer früheren Studie hatten die Autoren bereits an ehemaligen College-Athletinnen gezeigt, dass sich Colagetränke auch bei erwachsenen Frauen nachteilig auf die Knochenstabilität auswirken.

Cola als „Pille danach"
Als es noch keine Pille gab, behalfen sich die Frauen mit den unterschiedlichsten Verhütungsmethoden. Die alten Ägypter empfahlen, Honig und Natriumbikarbonat, sauren Fruchtsaft oder verschiedene Öle nach dem Geschlechtsverkehr zu verwenden.

Billige und leicht verfügbare Verhütungsmittel sind in Entwicklungsländern auch heute noch gefragt. Zu den populären Methoden gehören postcoitale Scheidenspülung mit Coca-Cola. Zumindest in vitro ließ sich deren Wirksamkeit bestätigen. Alle getesteten Cola-Getränke wirkten innerhalb einer Minute spermizid, egal, ob mit Zucker, Süßstoff oder koffeinfrei. Am schwächsten wirkte Pepsi, am effektivsten war „Classic-Coke", das allerdings noch von einem Bitter-Lemon übertroffen wurde.

Die Säure kommt als Ursache für die kontrazeptive Wirkung nicht in Frage: Eine Erhöhung des ph-Wertes von durchschnittlich 2,4 auf 7,5 schwächte den spermiziden Effekt der meisten Getränke nur leicht ab, bei Coca-Cola stieg er sogar noch an.

Cola statt Pille
1988 publizierten Wilcox und Mitarbeiter eine Studie, wonach Amerikanerinnen mit Fruchtbarkeitsproblemen

(n =104) mehr Koffein zu sich nehmen. Bereits eine Tasse Kaffee, so die damalige Berechnung, würde die Wahrscheinlichkeit einer Konzeption um die Hälfte verringern. Die Autoren unterzogen ihre Daten einer erneuten Analyse und differenzierten jetzt nach der Art des Getränkes. Dabei hatte Tee (eine Tasse Schwarztee enthält ebenso viel Koffein wie eine Tasse Kaffee) keine nachteiligen Wirkungen. Diesmal entpuppten sich – zumindest statistisch – Cola-Getränke als „Übeltäter". Das Ergebnis wird von den Autoren als „verwirrend" bezeichnet, da die Korrelation mit Softdrinks stärker war als die zuvor gefundene mit Kaffee.

Gewichtiges über Weighting Agents

Soft-Drinks enthalten sogenannte „Weighting Agents", damit die ätherischen Öle des Aromas in der wässrigen Phase gelöst bleiben. Früher wurden vor allem bromierte Pflanzenöle verwendet, die bei massivem Konsum zum Bromismus führten, einer Krankheit mit schweren neurologischen Ausfällen. Offenbar werden diese Öle weiterhin für Cola verwendet, da noch 1997 aus Kalifornien ein Vergiftungsfall berichtet wurde (Clinical Toxicology 1997/35/S. 315–320) Als harmlose Alternative wird seit vielen Jahren SAIB empfohlen.

SAIB ist chemisch nicht eindeutig definiert. Näherungsweise wird Sucrose-Diacetat-Hexaisobutyrat als Formel vorgeschlagen. Gewonnen wird SAIB durch vollständige Veresterung von Saccharose mit Acet- und Isobuttersäure-Anhydrid in Gegenwart eines Katalysators. Dabei erhält man unterschiedliche und nur mangelhaft charakterisierte Produkte. Prinzipiell sind 256 verschiedene Isomere möglich.

Die toxikologischen Daten sind nach Auffassung des Herstellers Eastman Kodak dennoch günstig. SAIB war in den üblichen Testsystemen weder mutagen noch geno-

toxisch. Auch im Mehrgenerationentest wurden keine
nachteiligen Effekte beschrieben. Während die meisten
Versuchstierarten auch größere Mengen SAIB schadlos
über längere Zeiträume vertragen, reagieren Hunde emp-
findlicher. Bei ihnen kommt es zu reversiblen Leber- und
Gallenschäden mit Lebervergrößerungen und histopatho-
logischen Veränderungen. SAIB wird im Dünndarm
durch Esterasen zu Zucker und partiell acetylierten Zu-
ckern aufgespalten. Letztere werden vom Darm resorbiert
und über Galle und Niere ausgeschieden.

Kopfschmerzen statt Allergien
Angesichts der Komponentenvielfalt des Aromamix und
der globalen Verbreitung von Colagetränken verwundert
es, dass nur wenige Untersuchungen zu Allergien und Un-
verträglichkeiten publiziert sind.

Mitte der 70er Jahre zählte ein US-Fachblatt Cola und
Schokolade zu den 10 Lebensmitteln, die am häufigsten
Allergien auslösen. Cola- und Kakaobaum gehören der
gleichen Pflanzenfamilie (Sterculiaceae) an, so dass
Kreuzreaktionen häufig seien. Als Symptome einer Cola-
Allergie werden Kopfschmerzen und Migräne, aber auch
Asthma, Magen-Darm-Störungen, Heuschnupfen und Ek-
zeme genannt.

Aus Neuseeland wird ein Fall von Pseudoporphyrie berichtet. Die Symptomatik gleicht einer echten Porphyrie
(einer Störung der Synthese des roten Blutfarbstoffes), die
Porphyrinausscheidung bleibt jedoch normal. Bei dem Patienten, der über rissige Haut und große Pusteln auf dem
Handrücken klagte, konnte die Erkrankung auf den Konsum von täglich 1,5 l Coca-Cola zurückgeführt werden.

Wissenschaftlicher Informationsdienst des
Europäischen Institutes für Lebensmittel- und
Ernährungswissenschaften

Krank durch Zuckerwasser

Von Dr. med. Jürgen Birmanns

„Warum sind die Erkenntnisse oder Beobachtungen der frühen Ärzte und Anti-Zucker-Verfechter nie weiter verfolgt worden? Die Zuckerlobby besaß in den letzten zwei Jahrhunderten große Macht. Die wirtschaftliche Bedeutung des Zuckerhandels zwischen den Nationen war sehr groß. Sogar die Sklaverei florierte deswegen. Die Pro-Zuckerlobby – bestehend aus Zuckerbauern, Cola-Produzenten und Fertiggerichte-Herstellern – hat unsere Regierung sehr effektiv beeinflusst."

H. L. Steward, US-Wissenschaftler

„Wenn wir alle so arbeiten würden wie du, hätten wir bald nichts mehr zu tun", hörte ich meine Kollegen sagen. Begeistert stellte ich schon während des Medizinstudiums die Idee einer „Ganzheitsmedizin und Gesundheitskunde" vor.

Das Jahr 1986 bleibt mir gut in Erinnerung, einmal wegen der Atomreaktorkatastrophe von Tschernobyl und zum zweiten, weil ich damals dem mutigen Ganzheitsarzt Dr. med. Max Otto Bruker begegnete. Die Klarheit seiner Aussagen war revolutionär: „Jede Krankheit hat Ursachen, auch wenn sie dem Einzelnen unbekannt sind. Nur eine Behandlung, die die Ursachen berücksichtigt, ist eine ursächliche Heilbehandlung." Die Begegnung mit Dr. Max Otto Bruker (1909–2001) war der Wendepunkt in meinem Leben. Er war ein gütiger Mensch und großartiger Lehrer. Damals leitete er die Innere Abteilung der Kli-

nik Lahnhöhe in Lahnstein am Rhein. Heute arbeite ich
als Arzt in unmittelbarer Nähe der Klinik im 1992 erbau-
ten Dr.-Max-Otto-Bruker-Haus, dem Zentrum für Gesundheit und ganzheitliche Lebensweise. Nach dem Tod
von Herrn Bruker wurde ich zum 2. Vorsitzenden, der von
ihm 1978 gegründeten Gesellschaft für Gesundheitsberatung (GGB) e.V. gewählt und ich habe ihm versprochen
sein Lebenswerk in die Zukunft zu tragen. Durch diesen
kämpferischen Pionier auf dem Gebiet der neuen Ernährungslehre lernte ich die Werke von Maximilian-Oskar
Bircher-Benner (1867–1939) kennen. Bircher-Benner
möchte einen Arzt, der unentwegt im Auge behält, was die
Schöpfung mit dem Menschen gemeint hat. „Wegweiser
zur Gesundheit, Beschützer des Lebens, Freund und
Wohltäter der Leidenden" – soll der neue Arzt sein. Doch
die meisten Ärzte halten es lieber mit Eugen Roth nach
dem Motto: Was bringt den Doktor um sein Brot? A) die
Gesundheit, B) der Tod. Drum hält der Arzt, auf dass er
lebe, uns zwischen beidem in der Schwebe.

Die universitäre Medizin

Heute gilt mehr denn je: „Hilf dir selbst, sonst hilft dir
keiner" oder anders formuliert: „Wer nicht handelt, wird
behandelt."

Die naturwissenschaftlich geprägte Hochschulmedizin
leidet an einem Überangebot an spezialisierten Fachgebie-
ten, die Primärprävention, die echte Vorsorge, kommt viel
zu kurz. Auch wenn es unglaublich klingt, so kann ich doch
aus eigener Erfahrung bestätigen, dass der angehende Mediziner in seinem 6-jährigen Hochschulstudium kaum etwas über Krankheitsursachen erfährt. Wir haben einen
Überfluss an Medizinern, aber einen Mangel an Ärzten.

Die universitäre Medizin nennt Noxen, Viren, Bakte-
rien, Gendefekte oder immunologische Fehlreaktionen

als ätiologische (= ursächliche) Faktoren. Die kranke Person wird auf das defekte Organ reduziert. Im Labor werden unter künstlichen Bedingungen an toter Materie experimentelle Daten erhoben. Die Behandlung besteht aus Symptomlinderung und Reparatur.

Die Beobachtung lebendiger Prozesse in der Natur ist der orthodoxen Medizin fremd. Es existiert keine Gesundheitslehre. Ursächliche Therapie wird kaum angestrebt, obwohl Begriffe wie Salutogese, „life-style-changing", Gesundheitsmanagement und Public health wiederentdeckt werden.

Begriffe wie Heilung und Genesung kommen im Wortschatz der Ärzte nicht mehr vor. Es wird lieber von Stillstand, Remission (= Nachlassen) oder Restitution (= Wiederherstellung) gesprochen.

Die Lebensweise des Patienten, seine Ernährung und die Umweltbedingungen unter denen er lebt finden noch immer zu wenig Berücksichtigung. Von einer ursächlichen Therapie sind wir meilenweit entfernt.

Die rein analytische und mechanistische Betrachtungsweise in der naturwissenschaftlichen Medizin führt zum sogenannten „Maschinenmodell". In der Apparatemedizin ist alles austauschbar und ersetzbar – mittlerweile auch der behandelnde Arzt durch einen Doc-Computer. Telemedizin und Operationsroboter sind real geworden. Science Fiction wird zum Alltag. Die ganzheitliche Betrachtung des Menschen als Leib-Seele-Einheit ist „unwissenschaftlich". Erfahrungsheilkunde ist subjektiv und damit ungültig.

Der Arzt wird zum fremdbestimmten Wesen. Krankheitsbegriffe werden verschlüsselt und für den Patienten, um den es doch geht, undurchschaubar.

„Evidence based medicine" (auf Beweisen begründete Medizin), „Diagnosis related groups" (Diagnose bezogene Gruppen) und „Disease Management" (= Krankheitsmanagement) sind in aller Munde. Stecken wir in einer Krise? Warum nehmen trotz des rasanten Fortschritts in der Medizin die Krankheiten zu? Trotz Gentechnik und Stammzellforschung? Sind wir noch zu retten?

AIDS, Krebs, Diabetes und Alzheimer – die Forscher versprechen in den Medien „verlockende" Therapieansätze. Wie ist unsere 5-Jahres-Überlebensrate? Ist die Prognose günstig oder sind wir unheilbar?

Die Therapie der 2. Wahl ist medikamentös, operativ, palliativ (= lindernd), invasiv (= eingreifend). Die Therapie der 1. Wahl ist ursächlich und besteht in unmissverständlicher Aufklärung der Bevölkerung über wahre Krankheitsursachen. Wird ihnen die Hot-Line der Krankenkasse weiterhelfen?

Oder fragen Sie noch einmal ihren Arzt oder Apotheker, warum Sie krank werden. Gibt es bald Insulin per Dosier-Aerosol? Wenn wir nicht anfangen zu leben, werden wir etwas erleben.

Ein Informationsproblem

Fangen wir endlich an; z. B. mit diesem Buch.

Führende Diabetologen wollen die Zuckerkrankheit umtaufen, denn nur die Deutschen seien noch so rückständig und glaubten an einen Zusammenhang zwischen dem Verzehr von Zucker (= Fabrikzucker) und dem Entstehen von Diabetes (= Zuckerkrankheit). Das taktisch kluge Verwirrspiel geht so weit, dass behauptet wird, dass es tatsächlich für den Diabetiker (= Zuckerkranker) keinen Unterschied macht, ob er einen Apfel oder ein Stück Torte verzehrt.

Laut Aussage von Fachspezialisten ist es also völlig egal, ob der Diabetiker einen Apfel oder ein Stück Kuchen isst. Bedeutet dies also Freispruch für den Zucker? Einspruch!

Die „Liberalisierung" der Diabetikerkost durch Hinzu-
nahme des Fabrikzuckers ist unverantwortlich und scha-
det den Betroffenen. Niemand wird so gut geschult wie
der Diabetiker. Darum bemühen sich Kliniken, Ärzte,
Apotheken, Krankenkassen, Ernährungsberater, Oecotro-
phologen und Diätassistenten. Demnach müsste die Zahl
der Diabetiker in Deutschland doch rapide abnehmen. In
modernen Schulungsbüchern für Diabetiker erfährt der
Betroffene, dass eine tägliche Zuckermenge von 30–50g
den Blutzucker nicht negativ beeinflusst.

Gesundheit ist ein Informationsproblem – Krankheit
auch. Wer das gesamte Feld der Diabetologie genau beo-
bachtet, wird den Eindruck nicht los, dass dem Patienten
Informationen vorenthalten werden. Die Patienten werden geradezu in der Krankheit belassen, denn es bieten
sich ja medikamentöse Therapiestrategien als „Ausweg"
an. Die Gesamtkosten für die Behandlung des Diabetes
incl. aller Komplikationen Dialyse (künstliche Niere);
Amputationen (Gliedmaßenentfernung) und Erblindung
sind unermesslich hoch.

Der Diabetes mellitus ist eine Stoffwechselstörung mit
erhöhtem Blut- und Urinzucker, bei der jedoch nicht nur
der Kohlenhydratstoffwechsel, sondern auch der Fett-
und Eiweißstoffwechsel tiefgreifend gestört sind.

Der Krankheitsname „Diabetes mellitus" heißt „honig-
süßer Durchfluss". Im deutschen volkstümlichen Sprachgebrauch heißt die Krankheit „Zuckerkrankheit" oder
„Zuckerkernruhr". Die Krankheitsnamen deuten auf ein
Leitsymptom der Stoffwechselstörung hin, nämlich dem
zuckerhaltigen, süßem Harn, der beim Zuckerkranken
übermäßig ausgeschieden wird. Der Begriff „Diabetes"
leitet sich vom griechischen ‚diabainein' ab und bedeutet
„passieren" oder „hindurchgehen". Das lateinische Wort
mellitus heißt „honigsüß". Um Missverständnissen vor-
zubeugen, möchte ich betonen, dass die Zuckerkrankheit

im strengem Sinne unheilbar ist. Die Ernährungsfehler
über Generationen hinweg können nicht ungeschehen gemacht werden. Diese Erkenntnisse hat Dr. med. Max Otto
Bruker in seinem Buch „Diabetes" eindeutig dargelegt.
Dennoch wird ihm von etablierten Ernährungsmedizinern
vorgeworfen, er behaupte Diabetes heilen zu können.
Diese Verleumdungskampagne wird von den Gegnern einer ursächlichen Therapie aus wirtschaftlichen Gründen
durchgeführt. Die meisten sogenannten Fachleute und
Experten sind käuflich und industriefreundlich.

Das Ernährungsgebiet wird ohnehin maßgeblich von
Nicht-Ärzten bestimmt; doch das haben die Ärzte, die
sich für die Ernährungsgewohnheiten ihrer Patienten
interessieren sollten selbst zu verantworten, da sie sich die
wichtige Aufgabe der Ernährungsberatung von den Ver-
tretern der Nahrungsmittelindustrie aus den Händen nehmen ließen. Die Deutsche Diabetes Gesellschaft veröffentlicht Kriterien zur Diagnostik und Therapie der Zuckerkrankheit. Bei der Ernährungsberatung wird noch
immer an der energiebilanzierten Mischkost festgehalten.
Kalorienzählen, Fettreduktion, Diabetesdiät, Austausch-
tabellen und viele kleine Mahlzeiten führen bei den Betroffenen zur Verwirrung. Wenigstens wird endlich anerkannt, dass der Diabetes nicht aus heiterem Himmel auftritt, sondern dass es beim Kranken eine Vorgeschichte
gibt. Anstatt von Fehlernährung wird trotzdem ständig
von Überernährung, Wohlstandsyndrom oder metaboli-
schem Syndrom gesprochen. Man will einfach die Katze
nicht aus dem Sack lassen.

Eine altbekannte Krankheit

Die Zuckerkrankheit ist nicht neu. Schon im Altertum be-
schrieb der griechische Heilkundige Aretaios von Kappa-
dokien (um 140 nach Christus) das Krankheitsbild: Beim

Diabetes „schmilzt Fleisch und Bein… (Gewichtsver-
lust)… im Urin zusammen und die Flüssigkeit… geht
auf dem gewohnten Wege durch Niere und Blase ab. Nie
hören die Kranken auf, Harn zu lassen" (viel Durst und
häufiges Wasserlassen). Matthew Dobson (gestorben
1789) schilderte im Jahre 1776 Versuche, in denen er
Urin verdampfen ließ und fand, dass der Rückstand wie
Zucker roch und wie Zucker schmeckte. Zucker im Blut
ließ darauf schließen, dass der seit der Antike bekannte
Diabetes nicht in erster Linie eine Nierenkrankheit war.
Die Bauchspeicheldrüse als Syntheseort des Insulins war
noch nicht entdeckt. Im 18. Jahrhundert hatte Matthew
Dobson Diabetestests entwickelt. Über die Funktion der
Bauchspeicheldrüse gab es viele Spekulationen. Im Jahre
1869 beobachtete der Student Paul Langerhans
(1847–1888) die besonderen zelligen Strukturen im Pankreas, die er als Zellhaufen bezeichnete. Es sind die nach
dem Entdecker benannten Langerhans-Inseln (= Syntheseort des Insulins). Das Wort „Insulin" (= blutzuckerre-
gulierendes Hormon) kommt vom lateinischen „Insula"
für Insel. In der Bauchspeicheldrüse sind etwa 1–1,5
Millionen solcher Inseln im Gewebe verteilt. Eine Insel
besteht schätzungsweise aus 1000 Zellen. Weitere blut-
zuckerwirksame Hormone sind Glukagon (aus den A-
Zellen der Pankreas), Adrenalin und Noradrenalin (aus
dem Nebennierenmark), Glukokortikoide (aus der
Nebennierenrinde), Wachstumshormon (aus der Hirnan-
hangdrüse), Schilddrüsenhormone und Östrogene (aus
den Eierstöcken). Offensichtlich war eine Störung des
endokrinen Pankreas, der innersekretorischen Drüse, Ursache des Diabetes. Versuche, die Krankheit durch eine
orale Gabe von Pankreasextrakt zu lindern, schlugen jedoch fehl. Nach vielen Versuchen gelang es, Frederick
Banting (1891–1941) und Herbert Best (1899–1978) im
Sommer 1921 schließlich die aktive Substanz der Lan-

gerhans-Inseln zu isolieren. Sie stellten aus den Langerhans-Inseln eines speziell präparierten Hundes einen
Extrakt her und injizierten ihn einem dem Tode nahe dia-
betischem Hund, der sich schon bald danach aufsetzte
und mit dem Schwanz wedelte. Nach einigen Selbstver-
suchen gaben sie am 11. Januar 1922 dem 14-jährigen
Leonhard Thompson Injektionen, der wegen seines Diabetes im Toronto General Hospital im Sterben lag. Sein
Blutzucker fiel fast augenblicklich. Nach wenigen Tagen
war er aus dem Bett und binnen Wochen daheim und
wohlauf. Wenn auch weiterhin von den Injektionen abhängig. Die Welt applaudierte und das Nobelpreiskomi-
tee verlieh im Jahre 1921 hierfür den Nobelpreis, den
sich Banting und Richard McLeod (1876 bis 1935) teil-
ten. Inzwischen hatten die Eli-Lilly-Company in Indiana-
polis, die bei der Insulinherstellung Hilfe geleistet hatte,
die Produktion im großen Stil aufgenommen.

Verbreitung des Diabetes

In den westlichen Industrienationen leiden ca. 4-6 Prozent
der Bevölkerung an einem Diabetes. Die Neuerkran-
kungsrate zeigt eine steigende Tendenz. Der Verdacht
liegt also nahe, dass der westliche Lebensstil der Indus-
triegesellschaften mit der Zunahme des Diabetes zu-
sammenhängt. Wie bei den anderen ernährungsbedingten
Zivilisationskrankheiten gibt es, bis auf wenige Ausnah-
men abgesehen, ein auffälliges Nord-Süd-Gefälle. Ernäh-
rungsbedingte Zivilisationskrankheiten sind chronische
Vitalstoffmangelkrankheiten.

Die Zuckerkrankheit ist ein klassisches Beispiel dafür.
Die Ernährungsfehler sind ein Merkmal der Zivilisation.
Bei Völkern, die keine zivilisatorische Ernährung haben,
kommt die Zuckerkrankheit kaum vor. Dort wo „Milch
und Honig fließt" war schon im Alten Testament das Land

der Verheißung. Der gewöhnliche Haushaltszucker oder
Verbrauchszucker ist Rohrzucker (Saccharose). Wo keine
Zuckerfabriken stehen, gibt es auch keinen Fabrikzucker.
Der Kardinalfehler in der Diskussion um die Schädlich-
keit des Fabrikzuckers liegt darin, dass sowohl in Laien-
kreisen als auch in Fachkreisen nicht unterschieden wird,
zwischen Kohlenhydraten (= Zuckerstoffe, Saccharide)
wie sie in komplexer Form in Lebensmitteln vorkommen
und isolierten Präparaten in Form von Fabrikzuckerarten
und Auszugsmehlen. Das Wort „Zucker" leitet sich aus
der altindischen Gelehrten- und Schriftsprache Sanskrit
ab, von „Sarkara", was soviel bedeutet, wie „Grieß". Darauf geht auch die wissenschaftliche Bezeichnung „Saccharose" zurück.

Ursprünglich wurde der Zucker aus dem Mark des Zu-
ckerrohres gewonnen. Die Hauptanbaugebiete sind Hawaii, Japan, China, Kuba und Südamerika. In Europa
wird heute nur noch im Süden Spaniens etwas Zuckerrohr
angebaut. Das älteste nachweisbare Vorkommen von Zuckerrohr (etwa 8000 vor Christus) ist für Neukaledonien
belegt, eine Inselgruppe ostwärts von Australien. In der
zweiten Hälfte des 18. Jahrhunderts war dem Zuckerrohr
jedoch in Europa durch die Zuckerrübe eine Konkurrenz
erwachsen. Obwohl gegen Ende des 16. Jahrhunderts in
Augsburg (1573) und Dresden (1587) die ersten Zucker-
raffinerien in Deutschland errichtet worden waren, die
den amerikanischen Importzucker verarbeiteten, blieb
Zucker in Mitteleuropa bis zur Mitte des 19. Jahrhunderts
ein ausgesprochener Luxus, den sich nur Reiche leisten
konnten. Die Menge des verzehrten Fabrikzuckers lässt
sich wegen des „versteckten Zuckers" aktuell schwer be-
stimmen. Nach Schätzungen liegt der Verbrauch pro Kopf
und Tag in der deutschen Bevölkerung bei 130–150 g
Fabrikzucker. Mit Ausnahme von Zahnkaries sind die
krankmachenden Folgen des übermäßigen Verzehrs raffi-

nierter Kohlenhydrate nicht unmittelbar ablesbar, sondern die Gefahr wird verschleiert durch den Zeitfaktor.

In 20–40 Jahren

Die Ernährungsfehler, die in der Jugend gemacht werden, zeigen sich erst nach Jahrzehnten. Da von den dafür zuständigen Verantwortlichen nichts grundlegendes unternommen wird um den Gesundheitsverfall der Bevölkerung aufzuhalten, ist jeder einzelne verpflichtet, sich das nötige Wissen anzueignen, um vorbeugen zu können. Dazu ist die Kenntnis der Krankheitsursachen Voraussetzung. Der technische Fortschritt, der die Möglichkeit zur fabrikatorischen Herstellung des Nahrungskonzentrates Zucker schaffte, war die Geburtsstunde der ernährungsbedingten Zivilisationskrankheiten. Im Durchschnitt dauert es 20–40 Jahre bis als Folge eines chronischen Vitalstoffmangels eine Krankheit sich soweit entwickelt hat, dass sie nachweisbar ist. Diese lange Anlaufzeit verschleiert den Zusammenhang zwischen Ursache und Wirkung. Als Vitalstoffe bezeichnet man biologische Wirkstoffe, die zum ungestörten Ablauf der Stoffwechselvorgänge im Organismus notwendig sind. Zu den Vitalstoffen gehören: Wasser- und fettlösliche Vitamine, Mineralstoffe, Spurenelemente, Enzyme, ungesättigte Fettsäuren, Aromastoffe und Faserstoffe. Der Einbruch der Technik in den Nahrungsmittelsektor zwecks Haltbarmachung führte zur Herstellung vitalstoffarmer Industriekost, die in Kombination mit denaturierten Eiweißprodukten in der Lage ist, komplexe Stoffwechselstörungen in der Zelle zu verursachen. Mit zunehmendem Grad der Verarbeitung eines Lebensmittels nimmt der Vitalstoffgehalt ab. Die alte Ernährungslehre ordnete die Nahrungsmittel nach ihrem Gehalt an Kalorien und Nährstoffen. Die neue Ernährungslehre bemisst den biologischen Wert nach dem Grad der Lebendigkeit. Würden diese wichtigen Kenntnisse von den Ärzten und Gesundheitsbehörden in die Bevölkerung gebracht, könnte nicht nur den ca. 4 Millionen Diabetikern in Deutschland effektiv geholfen werden. Statt schonungslose Aufklärung über diese Zusammenhänge werden hochkomplizierte und unverständliche wissenschaftliche Theorien aufgestellt, die den Bedarf an neuen Arzneistoffen wecken. Als scheinbare Vorteile der neuen Insulingenerationen werden genannt: Kein Spritz-Ess-Abstand, kurze Mahlzeit bezogene Wirkdauer und mehr Flexibilität für den Patienten. Das Problem sämtlicher Therapiestrategien, sei es die Gabe oraler Antidiabetika, die konventionelle oder intensivierte Insulintherapie oder sei es die Pankreas- und Inselzelltransplantation ist, das keine der genannten Behandlungsmethoden die Ursache der Zuckerkrankheit abstellt.

Obwohl inzwischen belegt ist, dass die Umstellung der Ernährung und eine Steigerung der körperlichen Aktivität das Fortschreiten der Stoffwechselstörung Diabetes mellitus verzögert bzw. verhindert und durch konsequente Einhaltung einer vitalstoffreichen Vollwertkost eine erhebliche Verbesserung der Stoffwechsellage erzielt werden kann, werden die betroffenen Patienten nur ungenügend informiert. Bei entsprechender Ernährungsbehandlung kann die Tabletten- und Insulindosis oftmals reduziert oder sogar ausgeschlichen werden. Die Schäden, die durch den jahrzehntelangen Verzehr der üblichen minderwertigen Zivilisationsnahrung entstehen, sind von zahlreichen Forschern beschrieben.

Wie Coca-Cola wirkt

Isolierter Zucker führt zu einer Störung des Vitamin B Stoffwechsels. Zum störungsfreien Ablauf der Stoffwechselvorgänge im menschlichen Organismus ist der Verzehr

Die süße Sucht der Kleinen

Foto: Siegfried Pater

natürlicher Lebensmittel unverzichtbar. Für den beim Diabetiker gestörten Kohlenhydratstoffwechsel spielt der Vitamin B Komplex und zwar besonders das Vitamin B1 eine wichtige Rolle. Raffinierte Kohlenhydrate wie Fabrikzuckerarten und Auszugsmehlprodukte sind arm an Vitamin B1. Vitamin B1 wird jedoch benötigt, damit der Rohrzucker (= Zweifachzucker, bestehend aus Trauben- und Fruchtzucker) zu den Endprodukten Kohlendioxid (CO_2) und Wasser (H_2O) abgebaut werden kann. Die Kombination von Auszugsmehl und Fabrikzucker verstärkt den Vitamin B1 Mangel. Der Zuckerkrankheit liegt also kein Mangel an Insulinwirkung zugrunde, sondern ein Mangel an biologischen Wirkstoffen durch Verzehr vitalstoffarmer Fabriknahrung. Dies gilt sowohl für den Typ 1 Diabetes mellitus (früher: jugendlicher insulinabhängiger Diabetes mellitus) als auch für den Typ 2 Diabetes mellitus (früher: Altersdiabetes, insulinunabhängier Diabetes mellitus). Wenn behauptet wird, die Ursache des Diabetes beruhe auf einem Insulinmangel oder auf einer Genschädigung, so ist dies insofern unrichtig, als ja auch der Insulinmangel oder der Genschaden Ursachen haben. Beim Auftreten von Diabetes bei Kindern und Jugendlichen müssen die Fehler in der Lebensführung der vorausgegangenen Generationen mitgerechnet werden. Der Verzehr eines Genussmittels, das mit Fabrikzucker gesüßt ist (z. B. Coca-Cola) bewirkt eine Reizung der B-Zellen in der Bauchspeicheldrüse und eine vermehrte Ausscheidung von Insulin in das Blut. Der glykämische Index berücksichtigt die Kettenlänge der Kohlenhydrate und ihre Verdauungsgeschwindigkeit im Dünndarm. Er beträgt für Cola (Glukose in Wasser) 100 Prozent und z. B. für Bohnen lediglich 20 Prozent. Der billigere Maissirup, der von der Getränkeindustrie zum Süßen bevorzugt wird, hat dieselben gesundheitlichen Nachteile wie die anderen Fabrikzuckerarten (weißer Haushaltszucker, brauner Zucker,

Fruchtzucker, Malzzucker, Vollrohrzucker usw.). Dieser
Vorgang stellt durch den schnellen und steilen Anstieg der
Blutzuckerkurve eine Belastung dar, die im Schöpfungs-
plan nicht vorgesehen ist. Nach dem Verzehr eines koh-
lenhydrathaltigen Lebensmittels wie z. B. Vollkornbrot
oder Obst verläuft die Blutzuckerkurve flacher. Der Stress
der Bauchspeicheldrüse ist nur möglich durch eine Konzentration von Zuckerstoffen, wie sie in künstlich her-
gestellten Nährkonzentraten vorliegt. Findet nun dieser
Vorgang der unphysiologischen Reizung der Bauchspeicheldrüse täglich über längere Zeit statt, so kommt es allmählich zu einer Erschöpfung der Langerhans'chen Inseln im Pankreas mit dem Resultat: Diabetes.

Ärztlicher Rat

Sowohl bei leichteren als auch bei schwereren Formen
des Diabetes ist die Basistherapie die absolute Enthaltung
von allen Speisen, die Auszugsmehl und Fabrikzuckerarten enthalten. Wenn für den Gesunden etwa ein Drittel der
Nahrung aus Frischkost bestehen soll in Form von Salaten
aus rohem Gemüse und rohem Obst – rohes Getreide als
Frischkorngericht mitgerechnet – Nüssen und Mandeln,
so sollte der Frischkostanteil beim Zuckerkranken größer
sein. Je schwerer die Krankheit und je höher der Kranke
seine Gesundheit einschätzt, umso größer soll der Frischkostanteil sein. Für den Diabetiker ist lediglich der Obst-
anteil beschränkt, je nach Schweregrad der Krankheit.
Frischkost in Form von Gemüse braucht nicht berechnet
zu werden. Um Spätkomplikationen wie Gefäß- und Ner-
venschäden zu verhüten, ist das Einschränken bzw. Meiden der tierischen Eiweiße notwendig. Die Tiereiweiß-
mast führt nachweislich zu den genannten Folgekrankhei-
ten. Einzelheiten zur Behandlung des insulinpflichtigen
Diabetikers können an dieser Stelle nicht genannt werden,

da die genaue Einstellung individuell für jeden Fall vom
Arzt vorgenommen werden muss. Akute Komplikationen
beim schweren Diabetes sind das diabetische Koma
(hyperglykämisches Koma) und der hyporglykämische
Schock. Die vitalstoffreiche Vollwertkost ist das A und O
der Diabetesbehandlung.

Dr. med. Max Otto Bruker fasst die Problematik treffend zusammen: „Das mangelnde Wissen in der Bevölkerung und die Informationsblockade durch wirtschaftliche
Interessengruppen führt dazu, dass der Fabrikzuckerkon-
sum in den europäischen Ländern fast stetig ansteigt. Die
mangelhafte Ausbildung der Ärzte auf dem Ernährungsgebiet erklärt, weshalb es zu einer so enormen Verbreitung der ernährungsbedingten Zivilisationskrankheiten
kommen konnte und weshalb auch die ursächliche Behandlung dieser Erkrankungen mit entsprechender Ernährungsberatung im argen liegt.“

Ein Richter klagt

„Das Hauptanliegen Brinkmanns ist, dass die Multis wenigstens Warnhinweise an ihren Produkte anbringen, die über Risiken des Genusses aufklären. Man könne es nicht mehr einfach hinnehmen, dass Coca-Cola oder Masterfood die Verantwortung für den Genuss allein dem Verbraucher zuschieben würden. Der Konsument ist derzeit jedenfalls nicht in der Lage, die Mängel der Produkte zu erkennen."

Nordkurier, 22. 6. 2002

Allein gegen Coca-Cola

Wer hat sich nicht schon gern einmal etwas Süßes gegönnt? Vielleicht einfach so „aus Lust und Laune", vielleicht, um den Hunger „zwischendurch" zu stillen, als Belohnung nach einer anstrengenden Arbeit, oder als Trostpflaster, um sich über erlittene Enttäuschungen hinwegzuhelfen.

Einer von ihnen ist Hans Josef Brinkmann, der nach eigenen Angaben jahrelang täglich einen Liter Cola und zwei Schokoriegel zu sich genommen hat. Allein der Konsum der koffeinhaltigen Brause bedeutete eine Zufuhr von 36 Stücken Würfelzucker, ohne den Zuckergehalt von Mars und Snickers zu bewerten, und ohne die täglich mit versteckten Zuckermengen angereicherte Nahrung zu berücksichtigen.

Dies führte bei dem Richter aus Neubrandenburg zu einer Diabetes mellitus Typ II, der sogenannten Altersdiabetes. Das ist eine Stoffwechselkrankheit, die es dem

Foto: Cyntia Rühmekorf

Hans Josef Brinkmann gegen Coca-Cola

Körper des Betroffenen erschwert, den Zucker im Blut in Energie umzuwandeln.

„Was wusste ich denn schon über Diabetes?", fragt Brinkmann. Er ging zu Ärzten, las Studien und befragte Forscher. So wurde ihm nach drei Jahren Recherche klar, dass seine Zuckerkrankheit eine Ursache hat: Das Trinken von Cola und das Essen von Schokoriegeln.

Hätte er von diesen Zusammenhängen gewusst, wäre ihm die Krankheit erspart geblieben, so die Argumentation des Richters. Er sei aber den Aussagen der Werbung aufgesessen. Die Coca-Cola-Company informiert in ihrem Faltblatt „Trinken mit Spaß und Verstand" zum Thema „Zucker in Erfrischungsgetränken": „Wer Lust hat auf ein gesüßtes Erfrischungsgetränk, sollte sich dieses ruhig gönnen", heißt es da. „Denn was viele nicht wissen", so die Aufklärer des Brausegiganten, „wenn wir uns niedergeschlagen und reizbar fühlen, entsteht im Körper ein biologisch begründetes Verlangen nach etwas Süßem". Daraus folgern die Herren von Coca- Cola: „Ein zuckerhaltiges Erfrischungsgetränk ist daher ein natürlicher Weg, die Stimmung zu heben." Und in diesem Stil geht es weiter. Zucker sei ein „idealer Geschmacksträger" und „zuckerhaltige Erfrischungsgetränke, die sich seit Jahren großer Beliebtheit erfreuen, können daher wichtiger Bestandteil einer ausgewogenen Ernährung sein". Genau deshalb klagt Hans Josef Brinkmann auf Schadensersatz.

Auch ein Richter freut sich mitunter über einen Beschluss, wenn auch verhalten „Ein wichtiger Teilerfolg", kommentierte Brinkmann knapp. Denn er hat im Dezember letzten Jahres einen persönlichen Triumph errungen. Das Landgericht Essen hatte seine Klage nicht abgewiesen. Zur Frage, ob Coca-Cola möglicherweise Diabetes auslösen könnte, wollen die Essener Richter nun wissenschaftliche Gutachter hören. Der Streit ums Süße geht also in eine neue Runde.

Dem Richter geht es nicht, wie in der Boulevardpresse behauptet, um das „Abzocken" eines Weltkonzerns. Dies wird durch die geringe Schadenersatzforderung deutlich. Er möchte vielmehr anderen ersparen, in die gleiche Gesundheitsfalle zu tappen. Letzte Meldungen beziffern heute schon die Zahl der Diabetiker in Deutschland mit sechs Millionen, die Dunkelziffer mit zwei Millionen weiteren Erkrankten, die Kosten mit 15 Milliarden Euro jährlich.

Aber die Wissenschaft ist bisher zurückhaltend. So sagt Prof. Hans Hauner vom Deutschen Diabetes-Forschungsinstitut in Düsseldorf: „Der unmittelbare Zusammenhang zwischen Zuckerkonsum und Altersdiabetes ist wissenschaftlich nicht belegt." Hauner sieht die Risikofaktoren eher im Übergewicht: „Das schraubt die Wahrscheinlichkeit, an Altersdiabetes zu erkranken, gewaltig nach oben."

Brinkmann traut der etablierten Wissenschaft aber nicht. Er spricht von einer „weltweiten Pharma- und Zuckerlobby", welche „die Aufklärung der Zusammenhänge" verhindere. So findet sich in seiner Sammlung kritischer Studien und Forschungsergebnisse eine Untersuchung der US-amerikanischen Harvard-Universität, die belegt, dass Coca-Cola das Risiko erhöhe, Diabetes zu bekommen.

Mittlerweile haben sich zahlreiche Diabetes-Kranke bei Richter Brinkmann gemeldet. Sie berichten von ähnlichen Erfahrungen in der Krankheitsgeschichte, so dass sie erwägen, zukünftig ihre Interessen gemeinsam wahrzunehmen.

Vorerst aber vertraut der Richter bei der Suche nach Gerechtigkeit auf die Justiz: „Ich werte es als Erfolg, dass das Essener Gericht nun drangeht, die schwierige Frage nach der Kausalität zu klären, sowohl die rechtliche wie die medizinische."

Der in Essen ansässige Coca-Cola-Konzern gibt sich

gelassen. Konzernsprecher Klaus Hildebrand: „Wir gehen davon aus, dass ein wissenschaftlicher Zusammenhang zwischen Cola-Konsum und Diabetes nicht belegt ist."

Brinkmanns Anwalt Burkhard Oexmann sieht das anders: „Mein Mandant hat jährlich 27,3 Kilogramm Zucker über das Trinken von Cola konsumiert, dazu kommen nochmals mindestens 12,6 Kilogramm Zucker durch Mars und Snickers." Weil sein Mandant so Pfund um Pfund zugelegt habe, seien die „großen Verführer" zumindest mit schuld an Brinkmanns Diabetes mellitus.

Doch statt vor den „Zuckerbomben" zu warnen, hätten die Hersteller mit ihrer „aggressiven Werbung" sogar noch Heißhunger auf mehr gemacht, klagt Oexmann. Für Brinkmann ist der Zusammenhang offenkundig: Kaum, dass er die genannten Produkte weggelassen hatte, verbesserte sich sein Gesundheitszustand deutlich.

Ganz offensichtlich werden im Cola-Imperium die Zeichen der Zeit nicht erkannt, wie ein Brief der Abteilung Verbraucher-Service verdeutlicht: „Auf die Gefahren des Verzehrs von Lebensmitteln hinzuweisen", heißt es dort, „erscheint uns wenig opportun". Schließlich gebe es „keine guten oder schlechten Lebensmittel, sondern nur gute und schlechte Eßgewohnheiten".

Auch gegen Masterfoods, die Mars- und Snickersriegel produzieren, hat der Richter vor dem zuständigen Gericht in Mönchengladbach Klage erhoben.

Dem mutigen Ankläger stehen harte Zeiten bevor. Schon heute wird er öffentlich in Zeitungen und Radiosendern, die von den Werbeetats der Konzerne Coca-Cola und Masterfoods leben, diffamiert: „Darf ein zuckersüchtiger Richter noch im Amt bleiben?"

Für die Angeklagten steht viel auf dem Spiel, denn ein Teilerfolg des Verfahrens könnte bedeuten, dass die Werbung eingeschränkt und Hinweise auf die gesundheitsschädliche Wirkung von zu starkem Zuckerkonsum ange-

bracht werden müssen. Dies wird auch vom größten Zu-
ckerkonzern der Welt, der deutschen Südzucker AG, die
mittlerweile 55 Zuckerfabriken weltweit besitzt, „mit großer Sorge gesehen".

Fragen an Hans Josef Brinkmann

*Frage: In zwei Musterprozessen gegen die Großkonzerne
Coca-Cola und Masterfoods (Hersteller z.B. von Mars
und Snickers) verlangen Sie Schadensersatz und Schmerzensgeld für Ihre Diabetes-Erkrankung von den Beklagten. Worum geht es in diesen Prozessen?*

Durch gezielte Indiskretion aus dem Umfeld der Beklagten ist öffentlich geworden, dass ich zwei Klageverfahren
gegen die Unternehmen Coca-Cola GmbH in Essen
(Coca-Cola, Fanta, Sprite) und Masterfoods GmbH in
Mönchengladbach (u. a. Mars, Snickers, Milky Way) in
Deutschland betreibe. Die von der Gegenseite betriebene
Pressekampagne rechtfertigt es, meinerseits die Öffentlichkeit zu informieren. Ich führe diese Prozesse aus guten Gründen nur gegen diese beiden Unternehmen, nicht,
wie von wirtschaftsabhängigen Medien suggeriert, gegen
sämtliche Hersteller oder Verkäufer von Nahrungsmitteln.
    In beiden Verfahren geht es zunächst einmal um die
schlichte Durchsetzung von zivilrechtlichen Ansprüchen,
deren Erfüllung die Beklagten beharrlich verweigern. Mit
ihrer Verweigerungsstrategie befinden sie sich auf einer
Linie mit anderen Großkonzernen, etwa der Firma Bayer
im Lipobay-Skandal. Sie alle glauben im Bewusstsein ihrer wirtschaftlichen Macht, sich um die Belange der Geschädigten nicht kümmern zu müssen, und für die Folgen
ungezügelten Gewinnstrebens nicht verantwortlich gemacht werden zu können (vgl. Rheinische Post vom 12. 1.
2002). Die Strategie ist Schweigen und Geringschätzung.

So reagiert etwa die Firma Masterfoods auf außergerichtliche Schreiben von Geschädigten überhaupt nicht.

Im Hintergrund steht allerdings ein weit bedeutsame-
res Problem: In den beiden Verfahren ging es von Anfang
an um die rechtliche Verantwortung eines aggressiv wer-
benden Herstellers ungesunder Erzeugnisse für die durch
sein Produkt volkswirtschaftlich und beim Verbraucher
gesundheitlich verursachten Schäden (ernährungsbeding-
te Zivilisationskrankheiten, hier konkret Diabetes Typ IIb,
sog. Altersdiabetes). Die Beklagten weisen auch in der
Sache aus naheliegenden wirtschaftlichen Gründen jed-
wede Verantwortung für die von ihnen vertriebenen
Genussmittel weit von sich. Beide Hersteller lehnen es
kategorisch ab, auf die aggressive Vermarktung ihrer Erzeugnisse zu verzichten und/oder Warnhinweise auf die
gesundheitlichen Gefahren des regelmäßigen Konsums
von Süßwaren auf den Verpackungen anzubringen. Selbst
präzise Angaben über die Inhaltsstoffe, z. B. den Anteil
von Kohlenhydraten und Fetten auf ihren Produkten, halten sie für nicht geboten. Schon in den 20er Jahren wurde
ein reicher amerikanischer Unternehmer mit den Worten
zitiert: „Geschäft ist Geschäft. Wir scheren uns einen Teu-
fel darum, ob die Leute draufgehen. Warum sind sie so
dumm und kaufen den Dreck?" Coca-Cola sagt es nur mit
anderen, weniger offenen Worten: „Es gibt keine schlechten Nahrungsmittel, nur schlechte Essgewohnheiten." Gemeint ist dasselbe: Was auch immer wir produzieren und
verkaufen, wir tragen dafür keinerlei Verantwortung.

Im einzelnen sind neben äußerst schwierigen rechtlichen vor allem medizinische und biochemische Fragen
zu klären. Ich selbst habe mehrere Jahre gebraucht, um
die Zusammenhänge für mich aufzuarbeiten. Ich habe
mich in die medizinische Literatur eingelesen und mit
zahlreichen Ärzten und anderen Wissenschaftlern die medizinischen Probleme erörtert. Nach Ansicht namhafter

Experten sind die Gefahren und Folgen des regelmäßigen
Verzehrs von Limonaden und Süßigkeiten mit denen des
Rauchens durchaus vergleichbar. Dies gilt insbesondere
für die Auswirkungen auf das Gefäßsystem. Auch rechtlich stellen sich schwierige Fragen. Die Prozessakten um-
fassen inzwischen fast tausend Seiten. Es geht u. a. um
Kausalitätstheorien und Beweislastfragen. Es geht um die
Grenze zwischen zulässigem privaten Gewinnstreben einerseits und dem Schutz der Verbrauchergesundheit andererseits. Auch werden die Grundrechte auf Leben und kör-
perliche Unversehrtheit sowie die im Grundgesetz veran-
kerte Sozialbindung des Eigentums eine Rolle spielen.
Die Rechtsfragen im einzelnen darzustellen, macht keinen Sinn. Sie sind für den juristischen Laien – auch für
Mediziner, die sich öffentlich zu den Erfolgsaussichten
der Klage geäußert haben – in den Einzelheiten nicht ver-
ständlich. In der öffentlichen Diskussion muss ich daher
notgedrungen vereinfachen. Im Kern geht es also darum,
ob die von den Beklagten beharrlich vertretene These der
rechtlichen Überprüfung standhält, der Hersteller eines
Genußmittels trage absolut keinerlei Verantwortung für
sein Produkt, und zwar selbst dann nicht, wenn er die,
z. B. durch die Richtlinie für Verbraucherschutz der Vereinten Nationen geforderte, umfassende Information der
Konsumenten unterlässt, stattdessen gezielte Desinformation betreibt, wenn er versucht, die Verbraucher durch die
Art der Produktdarbietung irrezuführen oder durch die Inhaltsstoffe (z. B. Suchtstoffe) zum weiteren Konsum ani-
miert und wenn er durch Einflußnahme auf die Forschung
verhindert, dass die Gefahren seines Produktes wissenschaftlich anerkannt werden. Braucht es tausend Seiten
Schriftsatz, um der schweigenden Mehrheit deutlich zu
machen, dass diese Einstellung in einer sozialen Markt-
wirtschaft, in einem demokratischen und sozialen Rechtsstaat keinen Bestand haben kann?

Frage: Warum, meinen Sie, rechtfertigt Ihre persönliche Erkrankung derartige Musterprozesse?

Zigtausende Menschen in Deutschland und Hunderttausende weltweit erkranken und sterben jährlich an sog. „Zivilisationskrankheiten". Diese Zivilisationskrankheiten haben die Sozialversicherungssysteme in Deutschland schon in der Vergangenheit mit mehr als 100 000 000 000,– DM jährlich belastet, bei rasant steigender Tendenz. Von ca. 300 Milliarden DM Kosten im Gesundheitswesen jährlich insgesamt entfallen also schon jetzt etwa ein Drittel, auf sog. Zivilisationskrankheiten. In den USA betragen die Kosten ernährungsbedingter Krankheiten nach einer neueren Untersuchung jährlich 117 000 000 000,– Dollar (zum Vergleich: nikotinbedingte Kosten dort: 140 Milliarden Dollar). Allein für Typ-II-Diabetiker werden zur Zeit jährlich allein in Deutschland mehr als 30 000 000 000,– DM (30 Milliarden Deutsche Mark), also 10 Prozent des Gesamtetats, durch die Krankenversicherungssysteme ausgegeben.

Letzte Meldungen beziffern z. B. die Zahl der Diabetiker allein in Deutschland mit ca. sechs Millionen, die Dunkelziffer mit ca. zwei Millionen. Die gesundheitlichen Folgen sind verheerend. Die sog. Code-2-Studie (Costs of diabetes in Europe) von 1998 zeigt die jährlichen Folgen auf:

27 900	Amputationen	=	alle 19 Minuten eine;
6 000	neue Erblindungen	=	alle 90 Minuten eine;
8 300	neue Dialysefälle	=	alle 60 Minuten eine;
27 000	Herzinfarkte	=	alle 19 Minuten einer;
44 000	Schlaganfälle	=	alle 12 Minuten einer.

Zwei Drittel aller Menschen, denen in Deutschland ein Körperteil amputiert werden muss, sind Diabetiker. Unter Herzinfarkt-Patienten ist ein unerkannter Typ-II-Diabetes besonders häufig. Eine aktuelle Studie der Universität Tübingen hat gerade ergeben, dass 61 Prozent der Patienten, die einen Infarkt überlebt hatten, Typ-II-Diabetiker waren oder eine Störung der Glukose-Toleranz aufwiesen. Jeder 2. Dialysepatient ist ein Diabetiker (Kosten: 100 000,– DM oder 50 000,– Euro pro Person und Jahr). Jeder Dritte, der neu erblindet, ist Diabetiker. 10 Prozent der Frührentner sind dies wegen Diabetes. Die Lebenserwartung eines Diabetikers verkürzt sich statistisch um $1/3$ ab Zeitpunkt der Manifestation. Nach Feststellungen des Deutschen Diabetes-Forschungsinstituts ist die Mortalität von Menschen im mittleren Lebensalter um das sechsfache erhöht.

Die Zahl der Menschen, die an Diabetes leiden, steigt rapide. Im Jahr 1985 litten weltweit etwa 30 Millionen Menschen an der Zuckerkrankheit. 1998 waren es bereits 143 Millionen. Die Zahl der Erkrankungen hat sich also in 13 Jahren mehr als vervierfacht. Nach gegenwärtigen Prognosen werden es bis 2025 erneut mehr als doppelt so viele sein. In den USA stieg die Diabeteshäufigkeit von 4,9 Prozent (= 8,6 Millionen Menschen) im Jahr 1990 um 33 Prozent auf 6,5 Prozent (= 13 Millionen Menschen) im Jahr 1998. Dagegen kommt Diabetes in Staaten mit Unterernährung praktisch nicht vor.

Die Dimension des Problems rechtfertigt es nicht nur, sondern macht es zwingend erforderlich, dass man sich mit dieser Frage befassen kann, ohne sich unsachlichen Kommentaren ausgesetzt zu sehen. Bei näherer Betrachtung handelt es sich nicht um ein Problem der Zivilisation, sondern der üblichen Ernährung in den Industriestaaten, das in der öffentlichen Diskussion bisher sträflich vernachlässigt worden ist. Zum Vergleich: BSE oder Nitrofen haben bisher in Deutschland keinen einzigen bekannten Krankheits- oder Todesfall ausgelöst.

Frage: Wie kommen Sie darauf, dass gerade die Produkte der Beklagten für Ihre Erkrankung verantwortlich sind?

Ich habe die behandelnden Ärzte natürlich intensiv nach den Ursachen meiner Erkrankung befragt und auch Spezialisten konsultiert. Einer dieser Spezialisten bezeichnete die Erkrankung scherzhaft als „angefressenen Diabetes." Der regelmäßige Verzehr der Produkte der Beklagten über einen Zeitraum von mehreren Jahren war die einzige Besonderheit meiner Ernährung, die eine solche Diagnose erklären konnte. Und noch eines kommt entscheidend hinzu: Nachdem ich zuckerhaltige Cola-Getränke und Schokoriegel konsequent weglasse, hat sich der Blutzucker normalisiert: Ich kann ganz normal essen und muss weder Insulin spritzen noch benötige ich Medikamente. Der Zusammenhang drängt sich da geradezu auf.

Im übrigen zeigen die aktuellsten, zum Teil erst im Verlaufe der Prozesse veröffentlichten Forschungsergebnisse der Ernährungswissenschaften, dass die jahrzehntelange Verharmlosung der Kohlenhydrate zu Lasten anderer Nahrungsbestandteile ein Irrweg war. In dem populärwissenschaftliche Werk von Steward u. a., einem Bestseller in den USA, der jetzt auch in Deutschland unter dem Titel „Zucker-Knacker" erschienen ist, werden die Zusammenhänge sehr anschaulich beschrieben. Und seriösen Ernährungsberatern sind das Problem des überhöhten Insulinspiegels durch Blutzuckerspitzen und seine gesundheitlichen Folgen längst bekannt.

Fehlerhaft verkürzen die Beklagten, und ihnen folgend weitgehend die veröffentlichte Meinung, zudem das Problem auf die Frage des Kohlenhydrat- (= Zucker) bzw. Fettgehalts. Es geht, keinesfalls nur am Rande, um die sonstigen Inhaltsstoffe der Produkte Coca-Cola, Mars und Snickers sowie deren potentiell krankmachende Wirkung. Es geht z. B. auch um Phosphorsäure (die Chrom- und

Zinkmangel verursachen und dadurch den Transport des
Insulins von der Bauchspeicheldrüse zu den Körperzellen
unterbinden soll), Koffein (das die Insulin produzieren-
den Zellen der Bauchspeicheldrüse „ausquetscht") und
andere Suchtstoffe (die den immer neuen, übermäßigen
Verzehr gerade der schädlichen Produkte provozieren sollen) sowie Geschmacksverstärker (die offenbar nicht nur
den Geschmack verstärken). Ferner ist das Zusammen-
wirken all dieser Faktoren. zu bedenken. Schon deshalb
gehen alle mir bisher bekannt gewordenen medizinischen
Stellungnahmen von falschen Voraussetzungen bzw. un-
zureichenden Informationen aus.

*Frage: Die herrschende Meinung in der Diabetologie
nennt als anerkannte Hauptfaktoren nur genetische Veranlagung, Bewegungsmangel und Übergewicht.*

Es gibt hierzu durchaus unterschiedliche Meinungen. Wer
heilt, hat Recht! Dieser medizinischen Binsenweisheit ist
nichts hinzuzufügen. Was hat das Heer von käuflichen
oder zumindest abhängigen Wissenschaftlern bisher be-
wegt, um ein seit Jahrhunderten bekanntes Problem wie
den Diabetes in den Griff zu bekommen? Was ist das Ergebnis schulmedizinischer Behandlung? Die obigen Zahlen und Steigerungsraten sprechen für sich. Das Beispiel
des Typ-IIb-Diabetes („Altersdiabetes") bei Kindern, den
es nach den bisherigen Lehren der Schulmedizin überhaupt nicht geben dürfte, zeigt: Diabetologie irrt! Und
wer im Glashaus sitzt, sollte nicht mit Steinen werfen.
Dies vorab.

Diabetes Typ II wird von der Mehrzahl der Schulmediziner in Deutschland gegenwärtig in der Tat gesehen
als Folge mehrerer Einzelursachen. Aber wodurch entsteht z. B. Übergewicht, wenn nicht durch den unverantwortlich hohen Kaloriengehalt gerade von zuckerhaltigen

Limonaden und sog. Schokoriegeln, die in Wahrheit ja kaum Schokolade, sondern im wesentlichen Fett und Zucker enthalten? Zuckerkonsum z. B. führt zu überhöhter Insulinproduktion der Bauchspeicheldrüse für bis zu 24 Stunden. Und Insulin wurde schon zu Beginn des letzten Jahrhunderts in der Schweine- und Geflügelmast als Masthilfe eingesetzt. Schon hier zeigt sich die Oberflächlichkeit und Einseitigkeit der Argumentation. Es geht darum, die Ursachen so zu definieren, dass man sie der alleinigen Verantwortung des Konsumenten zuweisen kann. Es gibt weitere gewichtige Anhaltspunkte dafür, dass von interessierter Seite die ernährungsbedingten Ursachen von scheinbar unerklärlichen sog. Zivilisationserkrankungen (nicht nur Diabetes, sondern z. B. auch Allergien, Erkrankungen des Fettstoffwechsels und des Herz-Kreislauf-Systems) systematisch verharmlost werden, indem man versucht, andere, möglicherweise mitursächliche Faktoren in den Vordergrund zu stellen. Sehr anschaulich sind hier die Darstellungen der Centralen Marketinggesellschaft der Deutschen Agrarwirtschaft (www.cma.de), des Bundesverbandes der Deutschen Süßwarenindustrie (www.bdsi.de) oder der sog. Coca-Cola-Faqs (www.cocacola.de) im Internet. Die Einzelheiten der medizinischen Fragen hier darzustellen, würde zu weit führen. Sie füllen ganze Lehrbücher. Ich habe umfangreiche, englischsprachige wissenschaftliche Abhandlungen durcharbeiten müssen. Ich will mich daher auf die Schilderung eines Detailproblems, der Zuckerproblematik, beschränken.

Zur Ernährung als Diabetesursache ist Auffassung der Schulmedizin, es gebe zwar Anhaltspunkte für Zucker als unmittelbaren Risikofaktor für Diabetes Typ II, aber keinen basiswissenschaftlichen Beweis (so etwa Prof. Dr. Hauner vom Deutschen Diabetes-Forschungsinstitut in Düsseldorf). Soweit als Ursachen Überernährung, Bewegungsmangel und genetische Veranlagung vermutet wer-

den, gibt es hierfür allerdings ebenfalls keine „harten"
wissenschaftlichen Daten. Ein Diabetologe, der ehrlich
ist, muß zugeben, dass er die genauen Ursachen des Diabetes nicht kennt und sich seine Behandlung auf die
Symptome und die Vermeidung von Spätfolgen beschränkt. Sämtliche Thesen der etablierten Diabetologie
und Ernährungswissenschaft zu den Ursachen des Diabetes und anderer Zivilisationskrankheiten halten einer
streng wissenschaftlichen Überprüfung nicht stand und
sind vielfach nicht mehr als der Versuch industrieabhängi-
ger, korrupter sog. Wissenschaftler, von den ernährungsbedingten Ursachen des Diabetes Typ IIb abzulenken
(vgl. Gonder, Fette Lügen, in: Die Zeit vom 25. 4. 2002,
S. 34). Es kann aber nicht angehen, die Unwissenheit der
Schulmedizin zum Maßstab der Dinge zu machen.

Auch wird seit langem der Vorwurf erhoben, die internationale Zuckerlobby verhindere systematisch die Aufklärung der Zusammenhänge und verharmlose die Gefahren. Seit Jahrzehnten haben Schriftsteller wie der Amerikaner William Dufty (sugar blues), Ärzte wie Kneipp oder
Dr. Bruker (Zucker, Zucker – Krank durch Zucker) auf
die ernährungsbedingten Ursachen des Diabetes hinge-
wiesen. Ich verweise ferner exemplarisch auf Fernsehbe-
richte etwa des Hessischen Rundfunks vom 9. 7. 2002,
21.50 Uhr (Volkskrankheit Diabetes, warum die Ärzte
versagen) oder des ZDF vom 25. 6. 2002 (frontal 21: Du-
biose Medikamente, ahnungslose Patienten) zur Abhängigkeit der Diabetologie von der Industrie.

In Wahrheit gibt es eine ganze Reihe von Studien, die
den Zusammenhang zwischen Zuckerkonsum und Diabetes Typ II belegen. Aus der Vergangenheit zu nennen sind
etwa schon die ethnologischen Studien von T. L. Cleave
(The saccharin disease, Chapter VII, On the causation of
Diabetes) oder die Forschungen des renommierten und
international anerkannten australischen Forschers Paul

Zimmet. Dieser hat gezeigt, dass Naturvölker, bei denen Diabetes normalerweise überhaupt nicht vorkommt (Diabetesrate 0), besonders früh und zudem besonders häufig und schwer an Diabetes erkranken, wenn sie sog. westliche Ernährung zu sich nehmen (Diabetesrate 70 Prozent). Dies zeigt u. a., dass nicht überwiegend genetische Ursachen für den Ausbruch von Diabetes verantwortlich sein können, denn Erbanlagen ändern sich nicht kurzfristig. Zimmet bezeichnet seine Beobachtungen ausdrücklich als Cola-Kolonialisierung. Seit Jahrzehnten wird eine weltweite Korrelation zwischen Diabetes-Häufigkeit und Cola-Konsum registriert.

Andere primärwissenschaftliche Studien sind teilweise sehr aktuell aus 2001 oder 2002. Zu verweisen ist beispielsweise auf die aktuelle sog. Stop-NIDDM-Studie (Arcabose Studie). Danach kann Diabetes vermieden werden, wenn die Zuckeraufnahme durch den Körper medikamentös unterbunden wird. Im Umkehrschluss folgt daraus, dass Zuckerkonsum Diabetes verursacht. Die sog. nurses health study (Langzeitstudie an 85 000 Krankenschwestern) hat gezeigt, dass das Diabetes-Risiko bei Verzehr von Produkten signifikant steigt, die einen hohen sog. glykämischen Index haben. Das bedeutet, dass sie nach der Mahlzeit zu einem besonders rasanten Blutzuckeranstieg führen, wie dies etwa bei Coca-Cola, Schokoriegeln oder Zucker ganz allgemein besonders ausgeprägt der Fall ist. Es gibt auch eine Studie an amerikanischen Männern aus 2002, die darauf hinweist, dass diese Nahrungs- und Genussmittel (junk food wie Cola oder Schokoriegel) auch bei Versuchspersonen ohne Übergewicht das Diabetes-Risiko erhöhen. Damit ist die These, entscheidend sei nicht die Art der Ernährung, sondern allein das Übergewicht bzw. die Überernährung, erneut widerlegt. Das vom Konsumenten zu verantwortende Übergewicht ist eben nicht entscheidende Ursache des Diabetes,

sondern eine weitere, ebenfalls durch Fehlernährung verursachte Begleiterscheinung. Weil aber Übergewicht
wegen derselben Ursachen oft gemeinsam mit Diabetes
auftritt, eignet es sich hervorragend zur Ablenkung.

Ganz aktuell sind auch die Forschungen von Victor A.
Zammit. Er hat in Tierversuchen herausgefunden, dass Zucker, sowohl Haushaltszucker (Saccharose), aber gerade
auch Fruchtzucker, wie er in besonders großen Mengen in
Limonaden und sog. Schokoriegeln (und aberwitziger-
weise in Deutschland in Diabetiker-Produkten) enthalten
ist, unmittelbar zur Insulinresistenz der Körperzellen und
damit zu Diabetes führen und ihn verschlimmern kann.
Diese Forschungen, über die etwa das renommierte Wis-
senschaftsmagazin New Scientist am 1. 9. 2001 berichtet
hat, belegen die ganz besonderen Gefahren des vor allem
in Limonaden und Schokoriegeln enthaltenen „high fructose corn sirup" (billiger Zuckersirup, der unmittelbar in
den Zucker- und Fettstoffwechsel eingreift und dadurch
auch Diabetes auslösen kann).

Es gibt eine Reihe weiterer Untersuchungen, welche
die Unverträglichkeit und das Suchtpotential des Zuckers
in vielfacher Hinsicht belegen, und zwar nicht nur im
Hinblick auf Diabetes.

Auch in der Schulmedizin ist im übrigen allgemein anerkannt und gehört zum Grundwissen jedes Medizinstu-
denten, dass Konsum von Süßigkeiten während der IGT-
Phase (je nach Sprachgebrauch auch: metabolisches Syndrom, praediabetische Phase), die der Manifestation des
Diabetes Typ II regelmäßig vorausgeht, das Diabetes-Risiko signifikant erhöht. Jedenfalls bei entsprechend vor-
belasteten Menschen, deren Zahl im übrigen weltweit
sprunghaft steigt, dürfte der Zusammenhang demnach
auch in der Schulmedizin anerkannt sein. Den damaligen
Wortführer des Deutschen Diabetes-Forschungsinstituts,
Herrn Prof. Dr. Koschinsky, der mich Pressemeldungen

zufolge als „unverfrorenen Spaßvogel" beleidigt haben
soll, habe ich schon vor Monaten schriftlich um Stellung-
nahme zu dieser medizinischen Sachfrage gebeten. Seither habe ich von ihm nichts mehr gehört.

Ich meine, dass die Beweislage infolge dieser kumula-
tiven Evidenz geradezu erdrückend ist. Zucker ist Schad-
stoff, ist süßes Gift, macht krank. Aber schon Max Planck
hat beklagt, dass Irrtümer der Wissenschaft für mindestens 50 Jahre beharrlich verteidigt werden, weil nicht nur
die Urheber, sondern auch deren Schüler zunächst aus-
sterben müssen.

*Frage: Presseberichten zufolge sollen Sie ein Gewicht
von 118 Kilogramm auf die Waage bringen.*

Diese Information beruht auf einem fehlerhaften Arztbe-
richt, den der Vorsitzende in dem Verfahren Masterfoods
zitiert hat. Obwohl ihre Unrichtigkeit inzwischen nachgewiesen ist, wird diese Angabe allerdings weiter verbreitet.
Außerdem arbeitet das Landgericht Mönchengladbach
mit dem sog. body mass index (BMI), einem Verfahren,
das anzeigen soll, ob das Gewicht eines Menschen gesundheitlich bedenklich ist. Diabetes In Control, ein Informationsdienst für Berufsmediziner, weist allerdings
zutreffend auf Schwächen des BMI hin. Danach wären alle Bodybuilder und selbst Schauspieler wie Tom Cruise,
Russel Crowe oder Michael Jordan als gesundheitsbe-
denklich übergewichtig einzustufen. Der body mass index
unterscheidet nämlich, ebenso wie die reine Gewichtsan-
gabe, nicht zwischen Fett-, Muskel- und sonstiger Kör-
permasse. Die komplizierte Rechenformel täuscht darüber hinweg, dass es sich um ein recht primitives Verfahren
handelt, das allein Körpergröße und Gewicht ins Verhältnis setzt. Diabetes In control zieht daraus die Schlussfol-
gerung: „Die einfache Erkenntnis ist, BMI ist ein nützli-

ches Werkzeug, sagt dir aber nicht alles über einen einzelnen Menschen." Ich selbst habe einen schweren, „westfälischen" Knochenbau und habe außerdem jahrelang aktiv Sport getrieben. Auch von Ärzten wird mein Körpergewicht daher regelmäßig unterschätzt. Die Dinge sind eben manchmal nicht so einfach, wie sie manche sehen wollen. Und was den Bewegungsmangel anbetrifft: Ich bin fünffacher Bezirksmeister im Rettungsschwimmen, Träger des Deutschen Rettungsschwimmabzeichens – Gold – und des goldenen Leistungsabzeichens der Feuerwehr. Ich habe in meinem Leben sicher mehr Sport getrieben als die ganz überwiegende Mehrzahl der Bevölkerung.

Frage: Machen Süßigkeiten und Süßgetränke süchtig?

Es dürfte inzwischen in der Wissenschaft anerkannt sein, dass Zucker allgemein und Schokolade sowie Limonaden im besonderen ein erhebliches Suchtpotential enthalten. Es darf heute als gesichert gelten, dass diese Stoffe im Gehirn wie Drogen wirken und Abhängigkeitsverhalten erzeugen. Die Erkenntnis ist relativ neu und war früher sicher nicht Gegenstand allgemeinen Wissens. Die wichtigsten Symptome dieser Sucht sind die Unfähigkeit, bei Schokolade, Süßigkeiten, aber auch salzigen Mahlzeiten mit raffinierten Kohlenhydraten wie Pizza, Chips etc. den Appetit angemessen zu regulieren, eine sog. reaktive Hypoglykämie (Unterzuckerung) zwei Stunden nach jeder Mahlzeit – „morgens um zehn in Deutschland" – und daraus resultierend erneut ein unbezwingbarer Hunger auf Kohlenhydrate, Müdigkeit eine halbe Stunde nach jeder Mahlzeit, ein instabiler Blutzucker usw. Das Abhängigkeitspotential eines Produktes kann durch weitere Zusatzstoffe (z. B. Koffein bei Cola-Getränken, Theobromin bei Schokoriegeln) zum jeweiligen Genussmittel noch verstärkt werden. Ärzte berichten über Patienten, infolge des Konsums von Coca-Cola das von Alkoholikern bekannte „Pegeltrinker"-Verhalten zeigen, also stets einen bestimmten „Cola-Pegel" benötigen.

Durch den Konsum von konzentriertem Zucker steigt der Blutzuckerspiegel in kurzer Zeit sehr stark an. Dies verursacht einen starken Anstieg des Insulins im Blut. Das Insulin läßt den Blutzuckerspiegel wieder stark absinken, oft unter der Ausgangswert. Dadurch entsteht ein sehr starkes Verlangen nach noch mehr Zucker. Die Sucht nach Zucker äußert sich vor allem auch in Form von Durst und Hunger. Es ist allgemein bekannt: Durst und Hunger sind Gefühle, die kaum beherrschbar sind. Hierauf zielt die Werbung („Schluss mit durstig", „Snickers, und der Hunger ist gegessen"). Wenn man das Auf und Ab des Blutzuckerspiegels abrupt unterbricht, entstehen dieselben Entzugserscheinungen wie bei anderen Drogen.

Der Lebensmittelchemiker und Ernährungsforscher Pollmer schreibt (allerdings nicht zum Diabetes, sondern zur Bulimie): „Die Symptome eines niedrigen Blutzuckerspiegels sind psychisch äußerst unangenehm und nur mit sehr viel Willenskraft zu ignorieren. Wenn der Blutzuckerspiegel unterhalb eines bestimmten Wertes abgesunken ist, schaltet das Gehirn den sog. Willen aus und gibt den Befehl zum sofortigen Verzehr von raffinierten Kohlenhydraten. Diese führen zu einer erhöhten Insulinausschüttung. Nach einer starken Insulinausschüttung sinkt der Blutzuckerspiegel sehr schnell wieder ab. Das Gehirn ist stärker als der Wille und setzt ihn aus Gründen des Überlebenswunsches für den Gesamtorganismus außer Kraft. Die häufig überhöhte Ausschüttung von Insulin führt dazu, was die Mediziner eine ‚Insulinresistenz' nennen." Es liegt auf der Hand, dass unter erheblicher psychischer Belastung die erforderliche Willenskraft kaum aufgebracht werden kann, selbst wenn der Mechanismus überhaupt bewusst wird. Bemerkenswert ist vor allem der hier deutlich werdende

Zusammenhang zwischen Insulinspiegel, diabetestypi-
scher Insulinresistenz und Suchtverhalten.

Negative Gefühle und Stress fördern das Verlangen
nach Zucker. Auch dies entspricht allgemeiner Erfahrung
und erklärt das Phänomen der sog. „Stressfresser". Hoe-
bel u. a. haben in einer wissenschaftlichen Arbeit unter
dem Titel „Neural Systems for Reinforcement and Inhibi-
tion of Behavior" nachgewiesen, dass Essen, Drogen, Libido und andere Gefühle auf dasselbe Neuralsystem des
Gehirns wirken, dort den Dopaminspiegel beeinflussen
und dass etwa das Verlangen nach Drogen (Nikotin) oder
Sex durch Nahrungszufuhr reduziert werden kann und
umgekehrt. Die Art der Belohnung, der Befriedigung des
Bedürfnisses ist austauschbar. Der Dopamin-Pfad im Gehirn ist Teil eines grundlegenden Verhaltenssystems (Be-
lohnungssystems). Essen, Drogen (Amphetamine, Kokain, Nikotin, Alkohol und Koffein), Sex, aber auch die
Vorstellung von etwas Schönem, ja selbst das Nachlassen
von Schmerz stimulieren die Dopaminausschüttung. Dinge (selbst unangenehme), und Nahrungsmittel (selbst un-
geliebte), die im Zusammenhang mit einer Dopaminausschüttung erlebt bzw. konsumiert werden, können später
selbst Dopamin freisetzen, beispielsweise allein das Symbol „Coca-Cola". Durst, Hunger, Drogenentzug, aber
auch Streß senken den Dopaminspiegel und verstärken
damit nicht nur die Sucht i. e. S., sondern auch das Verlangen nach Nahrungsaufnahme. „Süßgetränke, koffein-
haltige Nahrung, alkoholische Getränke und Zigaretten
stellen eine leichte Quelle legaler Dopamin freisetzender
Produkte dar. Unglücklicherweise verleiten reichhaltiges
Essen und Koffeingetränke in Restaurants und Automaten
an jedem Arbeitsplatz die Menschen zum Übermaßver-
zehr von Fett und Zucker und dies führt wiederum zu
Übergewicht und Essßstörungen. Übergewicht erhöht das
Risiko von Herzerkrankungen und Diabetes."

Es gibt weitere Vorgänge im Körper, die ein suchtartiges Verlangen nach Zucker auslösen können. Nach einer zuckerreichen Mahlzeit produzieren Nervenzellen im Magen-Darm-Trakt eine große Zahl Eiweißstoffe (Peptide). Im Verdauungssystem wirken sie als Hormone, im Gehirn aber als Signalstoffe (Transmitter). Dort beeinflussen sie verschiedene Rezeptoren. Unter diesen, durch eine hohe Konzentration an Zucker angeregten Eiweißstoffen befinden sich auch körpereigene Opiate, Endorphine. Die Rezeptoren, auf die sie ansprechen, sind dieselben, die auch von pflanzlichen Opiaten (Morphium, Heroin) aktiviert werden. Sie führen zur Gewöhnung und damit zur Zuckersucht. Dies sind die Ergebnisse der Rattenexperimente der Princeton University. Ein gesteigerter Zuckerkonsum kann somit das gesamte Hormonsystem in einen Zustand der ständigen Überreizung versetzen.

Pollmer formuliert: „Ganz langsam beginnt man zu verstehen, warum der Mensch solch eine Vorliebe für Süßes entwickelt und weshalb die Appelle an die Vernunft durchweg gescheitert sind. Zucker liefert nicht nur ‚leere Kalorien‘ für den Körper, sondern beeinflußt nachhaltig unsere Psyche. Zucker beruhigt. Mit Zucker schlafen viele Menschen besser und ertragen besser Schmerzen. Zucker hebt die Stimmung und macht abhängig, weil er in den Stoffwechsel einer bestimmten Substanz eingreift: des Serotonins. Serotonin ist ein ‚Bote‘ im Gehirn, der uns Wohlbefinden vermittelt. Serotonin ist am Einschlafen, an der Gemütsaufhellung, der Schmerzlinderung und der Libido beteiligt. Ein Serotoninmangel geht mit Depressionen, erhöhter Schmerzempfindlichkeit und Eßlust auf Kohlenhydrate einher. Statt Alkohol, Nikotin, Heroin Ecstasy etc. wird Zucker bzw. Glukose konsumiert."

*Frage: Wenn Coca-Cola und Schokoriegel derartige Wir-
kungen haben, sind Sie dann überhaupt noch in der Lage,
Ihr Amt auszuüben?*

Auch diese Frage wird immer wieder gestellt, bevorzugt
in anonymen offenen oder an Vorgesetzte gerichteten
Schreiben und tendenziösen Pressemeldungen. Schon die
Frage leidet in mehrfacher Hinsicht an einem Mangel der
Logik. Dies beginnt damit, dass – dieses Verfahren kennen wir schon von den Kohlenhydraten – alle Formen von
Abhängigkeiten unbesehen und undifferenziert gleichge-
setzt werden. Schon dies ist eine unhaltbare Unterstel-
lung, wie der Vergleich eines totkranken Heroinabhängi-
gen mit dem durchschnittlichen Raucher zeigt. Nächster
Punkt: Was hat eine mögliche Abhängigkeit mit der be-
ruflichen Leistungsfähigkeit zu tun? Würden Sie jeden
Raucher für dienstunfähig halten und pensionieren? Oder
einen (trockenen) Alkoholiker? Immerhin verzehre ich
die Süßwaren nolens volens schon seit Jahren nicht mehr.
Und in der Vergangenheit habe ich meine Arbeit nachweislich jedenfalls nicht schlechter erledigt als meine be-
ruflichen Konkurrenten. Dies alles ist auch den anonymen
Schmierfinken klar. Also wird pauschal mangelnde Wil-
lenstärke unterstellt. Mit derselben Arroganz und Un-
kenntnis hat man vor einigen Jahren in kritikloser Übernahme der Industriepropaganda Rauchern und Alkoholikern mangelnde Selbstbeherrschung vorgeworfen. Aber
dieser Vorwurf ist im vorliegenden Zusammenhang schon
aus einem anderen Grund abwegig. Denn Willensstärke
nützt nur dann etwas, wenn ein Problem überhaupt bewußt ist. Und wer wusste bis dato, dass Cola und Schokoriegel süchtig machen? Und würden Sie Hunger als Folge
einer Abhängigkeit erkennen?

Frage: Kommen wir zu den rechtlichen Fragen: Wie sieht es denn aus mit der Selbstbestimmung bzw. Eigenverantwortung der Verbraucher?

Die oben genannten Krankheitszahlen und volkswirtschaftlichen Schäden machen mehr als deutlich, dass das Prinzip der angeblichen Verbraucherfreiheit nicht funktioniert und nicht länger finanziert werden kann. Mit dem Argument des Selbstbestimmungsrechts der Verbraucher setzt sich die Genussmittelindustrie zur Zeit auch gegen Bestrebungen in den USA zur Wehr, Cola-Automaten an Schulen zu verbieten und durch eine Steuer auf zuckerhaltige Limonaden die durch den Konsum verursachten volkswirtschaftlichen Schäden auszugleichen. In Wahrheit handelt es sich auch hier um ein Scheinargument. Es mutet zunächst schon etwas merkwürdig an, wenn die Industrielobby sich Sorgen um das Selbstbestimmungsrecht der Verbraucher macht, das sie in Wahrheit durch ihre suggestive, irreführende Werbung, aggressive Vermarktungsstrategien und gezielte Desinformation beständig zu unterlaufen versucht. Bei vernünftiger Betrachtung geht es den selbsternannten Verfechtern der Verbraucherfreiheit doch wohl einmal mehr darum, jede Verantwortung für ihr Marktverhalten abzuwehren.

Die Frage nach der Selbstverantwortung (oder besser: Mitverantwortung) der Verbraucher ist dennoch legitim. Eigenverantwortliches Handeln setzt aber voraus, dass dem Verbraucher die für eine sinnvolle Entscheidung notwendigen Tatsachen zur Verfügung gestellt werden. Durch beschönigende Inhaltsangaben (z. B. die berüchtigten E-Nummern oder Begriffe wie „Aromen", hinter denen sich auch Suchtstoffe verbergen können) wird dies gerade vereitelt, und zwar ganz bewusst, um den Verbraucher „nicht zu verunsichern", also um ihn über die Gefahren im Dunkeln zu lassen. Der Verbraucher ist angesichts

der Schnellebigkeit unseres Wirtschaftssystems nicht in
der Lage, sich selbst immer wieder über alle Inhaltsstoffe
der angebotenen Waren zu informieren. Die notwendigen
Kenntnisse zu vermitteln, ist nur der Hersteller in der Lage. Nur er kennt in der Regel die Inhaltsstoffe und nur er
hat Einfluss auf deren Auswahl. Er trägt daher zunächst
die alleinige Verantwortung für sein Produkt, denn er
bringt es um seines wirtschaftlichen Vorteils willen auf
den Markt. Er muss, wie dies der Bundesgerichtshof formuliert, einen optimalen Sicherheitsstandard gewährleis-
ten. Er kann sich von der Verantwortung allenfalls dann
entlasten, wenn er den Abnehmer überhaupt in die Lage
versetzt, sein Produkt sachgerecht zu gebrauchen, eine eigenverantwortliche Entscheidung auf ausreichender Tat-
sachengrundlage zu treffen. Diesen Anforderungen versuchen sich einige Hersteller zur Verbesserung ihrer Absatz-
chancen zu entziehen. Coca-Cola z. B. betreibt (eine eher
harmlose Form der) Irreführung durch selektive Information, indem auf den Flaschen von Coca-Cola light der geringe Zucker- bzw. Kaloriengehalt besonders herausge-
stellt wird, während auf den Flaschen des „klassischen",
stark zuckerhaltigen und kalorienträchtigen Produkts derartige exakte Hinweise fehlen. Wir kommen hier zum
Kern der Klagebegründung: Es geht in letzter Konsequenz nicht um eine Haftung für die Herstellung und den
Vertrieb einer Limonade oder einer Schokolade allein,
sondern um die Haftung für gleichzeitige aggressive Vermarktungsstrategien und irreführende, suggestive Werbung sowie systematisches Verharmlosen und Verschweigen der gesundheitlichen Gefahren eines Produkts, also
um die Haftung für den permanenten und erfolgreichen
Versuch, durch gezielte Desinformation eine sachgerechte eigenverantwortliche Entscheidung des Verbrauchers
gerade unmöglich zu machen. Die Beklagten setzen alles
daran, dass dies nicht deutlich wird.

Das Bundesverfassungsgericht hat demgegenüber in seiner Entscheidung vom 26. 6. 2002 zum Glykol-Skandal (1 BvR 558/91/1 BvR 1428/91 = NJW 2002, 2621) schnelle und sachgerechte Verbraucherinformationen ausdrücklich gefordert, da angesichts der Marktverhältnisse das Risiko einseitiger und interessengeleiteter Verbraucherinformationen bestehe, und hierzu ausgeführt (C. I., Rdn. 44ff des Urteils):

„Grundlage der Funktionsfähigkeit des Wettbewerbs ist ein möglichst hohes Maß an Information der Marktteilnehmer über marktrelevante Faktoren. Erst die Informiertheit der Marktteilnehmer ermöglicht eine an den eigenen Interessen orientierte Entscheidung über die Bedingungen der Marktteilhabe. … Fehlen beispielsweise den Verbrauchern entscheidungserhebliche Informationen, können sie nicht hinreichend beurteilen, ob das Angebot für sie bedarfsgerecht ist. … Defizite in der Verfügbarkeit entscheidungserheblicher Informationen bedrohen demnach die Selbststeuerungskraft des Marktes. … Es fördert die Funktionsweise des Marktes, wenn in solchen Situationen durch zusätzliche gegebenenfalls auch staatliche Informationen Gegengewichte gesetzt werden oder wenn die überlegene Informationsmacht einzelner Marktteilnehmer ausgeglichen wird. Die Rechtsordnung zielt auf die Ermöglichung eines hohen Maßes an markterheblichen Informationen und damit auf Markttransparenz. … Insbesondere schützt § 1 UWG die Funktionsfähigkeit des Leistungswettbewerbs vor Informationen, deren Verbreitung im geschäftlichen Verkehr gegen die guten Sitten verstößt, weil die Marktteilnehmer getäuscht werden. Dementsprechend wird der als Verbot von Irreführungen verstandene Wahrheitsgrundsatz als beherrschende Leitlinie des Wettbewerbsrechts angesehen."

Diese in anderem Zusammenhang gemachten Ausführungen sind auch im vorliegenden Fall bei der verfassungskonformen Auslegung der einschlägigen Bestimmungen zu beachten. Die Vorstellung der Beklagten von der alleinigen Verantwortung des einzelnen Verbrauchers ist rechtlich unhaltbar.

Zu einem weiteren Punkt: In der Ernährungswissenschaft ist bekannt, dass die grundlegenden Muster des Ernährungsverhaltens bereits in der frühen Kindheit gelegt werden. Daher ja auch der gezielte Zugriff auf Kinder durch Cola-Automaten in Schulen, Veranstaltungen wie „Coca-Cola holt die Party in die Schule" und Spielecken für Kinder der Fast-Food-Ketten, von denen jene ebenfalls an den Cola- und Fast-Food-Konsum herangeführt werden. Will man tatsächlich unmündigen Kindern die Verantwortung für Gefahren der ihnen angedienten Genussmittel aufbürden? Dies ist mit dem gesetzlichen Minderjährigenschutz wohl kaum zu vereinbaren. Und wollte man die Eltern für ihre Kinder in die Verantwortung nehmen, müsste man ihnen zunächst einmal die Möglichkeit geben, den Genussmittelverbrauch zu regeln und den unkontrollierten Konsum der Kinder verhindern.

Frage: Von einigen Stimmen wird allerdings der Vorwurf erhoben, Sie versuchten, andere für ihr eigenes Fehlverhalten verantwortlich zu machen.

Antwort: Bei diesem Vorwurf handelt es sich um einen Zirkelschluss. Er nimmt das – gewünschte – Ergebnis in suggestiver Weise vorweg. Denn es geht ja in den Verfahren gerade darum, wie die Verantwortung zwischen Hersteller und Verbraucher zu verteilen ist. Nach deutschem Recht ist es nicht möglich, andere für eigenes Fehlverhalten zur Verantwortung zu ziehen. So viel Rechtskenntnis darf man mir getrost unterstellen. Wer den genannten Vorwurf erhebt, hat die Tragweite des Problems nicht erkannt. Ich habe eingangs die Folgen aggressiven Markt-

verhaltens und verharmlosender, irreführender Produktdarbietung beschrieben. Es geht darum, ob den Beklagten
das von ihren Produkten verursachte menschliche Elend
und der erhebliche volkswirtschaftliche Schaden weiterhin völlig gleichgültig sein können. Anknüpfungspunkt
für deren Verantwortlichkeit ist diese unzulässige Art der
Produktdarbietung. Hiervon abzulenken, ist die Strategie
der Gegenparteien. Und ein Verfahren der vorliegenden
Art dürfte z. Zt. die einzige rechtliche Handhabe sein, an
der absoluten Gewissenlosigkeit der Genussmittel- und
Pharma-Lobby etwas zu ändern. Schmerzensgeld von Coca-Cola ist deshalb nicht Unsinn, wie Rechtsanwalt Ebert
im Heft 1/2002 des industrieabhängigen Diabetes-Journal
meint, es ist eine rechts- und gesundheitspolitische Not-
wendigkeit.

Frage: Und wann verklagen Sie Ihren Metzger?

Dies ist ein Einwand, der von der Gegenseite immer wieder in die Öffentlichkeit getragen wird, z. B. durch einen
Zwischenruf von Störern bei Presseerklärungen. Ich würde meinen Metzger nicht allein deshalb auf Schadensersatz und Schmerzensgeld verklagen, weil er minderwertiges Fleisch verkauft. Veranstaltet er aber, weil er sein
minderwertiges Produkt anders nicht loswerden kann, eine 800 Millionen Mark (jährlicher Werbeetat von Coca-
Cola in Deutschland) teure Werbekampagne, in der seine
Ware wider besseres Wissen als besonders wertvolles
Nahrungsmittel und gesundheitlich völlig unbedenklich
angepriesen wird, und erkranken dann Tausende an BSE,
müsste er sich meines Erachtens vor Gericht verantworten. In denselben Zusammenhang gehört die Frage der
Moderatorin eines privat finanzierten Fernsehsenders,
wann denn Leitern mit dem Hinweis „Vorsicht, Absturz-
gefahr!" versehen werden müssten. Stellt ein Hersteller

eine besonders klapprige Leiter her, wirbt hierfür in einer
1,3 Milliarden Mark (jährlicher Werbeetat von Masterfoods) teueren Werbekampagne als völlig sicher und
bricht sich dann ein Käufer das Genick, weil schlicht eine
Stufe durchgebrochen ist, dann kann sich der Hersteller
nach meiner Auffassung nicht darauf berufen, jedermann
wisse, dass man von einer Leiter fallen könne. Und platzt
ein Reifen, der für Geschwindigkeiten bis 200 km/h zuge-
lassen ist, schon bei 130 km/h, weil das Gummi zu weich
oder die Karkasse zu schwach ist, dann kann der Hersteller wohl kaum mit dem Einwand gehört werden, jedermann wisse, dass ein Reifen bei überhöhter Geschwindig-
keit platzen könne. Der aufmerksame Leser wird den
feinen Unterschied erkennen, den die Gegner der Klageverfahren mit ihren platten Vergleichen zu vertuschen
versuchen. Es geht ihnen dabei ersichtlich darum, durch
unzulässige Vereinfachung und unsachliche Emotionen
ein unerwünschtes Vorgehen lächerlich zu machen und
Solidarisierungseffekte dadurch zu erzielen, dass man jeden Unternehmer bundesweit in Panik versetzt. In Wahrheit würden der Metzger oder der Bäcker an der Ecke von
einem Erfolg der Klagen nur profitieren, denn sie sind
ebenfalls Opfer des aggressiven Marktverhaltens von
Großkonzernen.

*Frage: Aber ist denn nicht allgemein bekannt, dass zu viel
Süßes ungesund ist?*

Über einige Medien läuft zur Zeit diese „Das-weiß-doch-
jedes-Kind-Kampage". Sie ist Teil der Doppelstrategie
der Beklagten. Die beklagte Coca-Cola GmbH behauptet
im Gerichtsverfahren weiterhin steif und fest, ihr Produkt
sei ein ganz normales Nahrungsmittel und enthalte keinerlei unmittelbar gesundheitsgefährdende Stoffe. Ich habe im Termin den Geschäftsführer der Beklagten Coca-

Das „abendländische" Mahl ist angerichtet

Foto: Siegfried Pater

Cola zur Demonstration für das Gericht ausdrücklich und nachdrücklich zu schädlichen Inhaltsstoffen befragt. Der Beklagtenvertreter hat expressis verbis erklärt, Coca-Cola sei ein ganz normales Nahrungsmittel, das keinerlei Stoffe enthalte, die geeignet seien, die Gesundheit eines Menschen zu gefährden. Dies ist festzuhalten. Auch Masterfoods bestreitet aus denselben naheliegenden Gründen jede Gesundheitsgefährdung durch Mars oder Snickers. Selbst wesentliche Teile der industrieabhängigen Wissenschaft stellen jeden Zusammenhang in Abrede. Seit Jahr und Tag wird den Menschen und auch den Ärzten eingebleut, es sie eine laienhafte Fehlvorstellung, dass etwa Zucker krank mache, denn Zucker sei ein Kohlenhydrat wie jedes andere und werde vom Körper wie jedes andere Kohlenhydrat in Glukose umgewandelt. Ich verweise noch einmal auf die Darstellungen der Centralen - Marketinggesellschaft der Deutschen Agrarwirtschaft (www.cma.de), des Bundesverbandes der Deutschen Süßwarenindustrie (www.bdsi.de) oder der sog. Coca-Cola-Faqs (www.coca-cola.de) im Internet. Warum sollte dann ein Verbraucher Anlaß gehabt haben, das Produkt zu meiden? Und wenn die Gefährlichkeit dieser Produkte jedem bewußt wäre: Wer konsumiert dann die drei Milliarden Liter Coca-Cola, die nach Angaben von Coca-Cola jährlich in Deutschland verkauft werden und die 20 Millionen Snickers-Riegel, die Masterfoods nach eigenen Angaben täglich produziert? Die Pressekampagne zeigt allerdings durchaus die gewünschten Wirkungen: Nach einer jüngsten Umfrage meinen z. B. 65 Prozent der Amerikaner, die Geschädigten seien selbst schuld.

Die Argumentation der Beklagten widerspricht sich selbst: 1. Coca-Cola ist unschädlich und 2. es ist allgemein bekannt, dass Coca-Cola schädlich ist; wer sie trinkt, ist selbst schuld. Man braucht keine juristische Ausbildung, um zu erkennen, dass eine widersprüchliche

Einlassung unlogisch und damit rechtlich unerheblich
wäre. Die Beklagten berufen sich im Prozess auch nicht
darauf, und deshalb kommt es dort wegen des im Zivil-
prozess geltenden sog. Beibringungsgrundsatzes auch
nicht darauf an. Abgesehen davon hat der Bundesgerichtshof längst entschieden, dass der Hersteller auch für
allgemein bekannte Produktfehler haftet, wenn er Verbraucher täuscht oder durch seine Vermarktungsstrategien
Verbraucher verleitet, sich wider besseres Wissen zu verhalten. In der Rechtswissenschaft anerkannt ist auch, dass
sich nicht auf Übermaßkonsum berufen kann, wer keine
Mengenbegrenzungen angegeben hat. Der BGH hat die
oben angesprochene Problematik längst erkannt und
überzeugend entschieden. Dies ist einer der wesentlichen
Punkte der Rechtsprechung des Bundesgerichtshofs, die
in den Urteilen nachgeordneter Instanzgerichte zur Haftung der Genussmittelhersteller bisher nicht beachtet worden sind. Und hier wird wiederum der Unterschied deutlich zum „Metzger-Vergleich". Kann Masterfoods z. B.
mit der Aussage werben: „Snickers – die gesunde Hand
voll Erdnüsse", und sich anschließend mit der Folge einer
vollständigen (!) Haftungsbefreiung darauf berufen, jeder
wisse, dass das Produkt gesundheitsschädlich sei.

Frage: Aber warum führen Sie gerade einen Prozess?
Gibt es nicht andere Wege?

Nicht nur ich hatte bei Prozessbeginn den Eindruck, dass
Wissenschaft und Politik nicht mehr in der Lage waren,
das Problem anzugehen. Die Dringlichkeit des Problems
wird deutlich auf dem Hintergrund, den der Journalist und
ehemalige Spiegel-Redakteur Dr. Hans-Ulrich Grimm in
einem Interview (S&K 06/2002) wie folgt beschreibt:

   „Das große Problem ist, dass sich der Staat aus der Für-
sorge für das gesundheitliche Wohl der Verbraucher weit-

gehend zurückgezogen hat. Nach der neuen europäischen
Lebensmittelpolitik liegt die Verantwortung vor allem bei
den Herstellern. Aber bei Nestle und anderen großen Herstellern finden Sie kein institutionalisiertes Gewissen. Da
gibt es keine Abteilung, die bei der Produktentwicklung
Bedenken aus der Sicht des Verbraucherschutzes ein-
bringt. Bei Zusatzstoffen genügt es auch nicht, das einzelne Produkt zu betrachten. Es geht darum, wie viel die
Menschen insgesamt davon zu sich nehmen. Darum küm-
mert sich keine Institution."

Auch etablierte Schulmediziner klagten öffentlich,
dass sie mit ihren Warnungen gegen die Gedankenlosig-
keit der Politik, die Gewissenlosigkeit der Industrie und
die dampfwalzenartige Wirkung der Werbung machtlos
seien. Die Genussmittelindustrie nimmt die ihr von der
Politik zugewiesene Verantwortung nicht an. Die erste
(außergerichtliche) Verteidigungslinie der Beklagten war
eine beinharte Verweigerungshaltung. „Wir sehen keinerlei Veranlassung, in irgendeiner Weise entgegenzukom-
men. Sie werden nicht klagen, denn sie wissen genau, was
dann passiert!" Es war demnach nur mit gerichtlicher Hilfe die Frage zu klären, inwieweit den Hersteller ungesunder Genussmittel eine Verantwortung für sein Produkt
trifft. Mit „Abzocken", dem postwendend öffentlich und
im Verfahren erhobenen Vorwurf, hat dies wenig zu tun,
und es spricht für sich, wenn gerade von Seiten gewinn-
orientiert arbeitender Großkonzerne mit Milliardenge-
winnen eine derartige Polemik verbreitet wird. Ein Blick
auf den Streitwert einerseits und Prozessrisiken, -aufwand
und -kosten andererseits führt diesen Vorwurf für wirklich
jeden ad absurdum. Gleichwohl wird er von den abhängigen Medien noch immer verbreitet. Die Methode ist ein-
sichtig: Der Appell an Neidgefühle wirkt immer und soli-
darisiert.

Der mir vielfach gegebene Rat, mich an die Medien zu

wenden, ist ebenfalls nur bedingt tauglich. Journalisten
haben vorauseilenden Gehorsam entwickelt, die sog.
„Schere im Kopf". Selbst der Redakteur eines führenden
deutschen Nachrichtenmagazins erklärt hinter vorgehalte-
ner Hand: „Niemand darf Negatives über Coca-Cola
schreiben, sonst bekommt er keine Werbeaufträge mehr.
Und keine Zeitung kann heute länger als sechs Wochen
ohne Werbeeinnahmen überleben." Sie haben als Einzel-
person gegen eine derartige Marktmacht auch in der Presse keine Chance. Der sog. Odol-Skandal hat gezeigt: Alle,
selbst die größten Zeitungen haben seinerzeit der Drohung mit einem Werbeboykott nachgegeben. Ob und inwieweit unabhängige Richter in Deutschland in der Lage
sind, in einem rechtlich wie tatsächlich außerordentlich
schwierigen Fall Gleichheit vor dem Gesetz zu gewähr-
leisten, wird das vorliegende Verfahren deutlich machen.
Die 3. Zivilkammer des Landgerichts Mönchengladbach
jedenfalls hat hier jämmerlich versagt.

Da Popularklagen (Klagen von nicht selbst Betroffenen) in Deutschland unzulässig sind, ist eine Klärung
durch eine unabhängige Instanz nur im Rahmen der Klage eines betroffenen Verbrauchers möglich, mit der dieser
eigene Ansprüche gegen konkrete Schuldner geltend
macht. Ich habe allerdings den Eindruck, dass inzwischen
durch den verstärkten öffentlichen Druck in Medien, Politik und Wissenschaft sowie bei den Verbrauchern zuneh-
mendes Problembewusstsein entsteht. Und das ist notwendig und gut so. Der Spiegel berichtet am 12. 7. 2002
über den Widerstand gegen Cola-Automaten an Schulen
in den USA. Das Deutsche Ärzteblatt berichtet unter dem
21. 6. 2002: Fast-Food-Hersteller wollen in der Werbung
und auf ihren Produkten vor Gesundheitsrisiken warnen.
Die Aktion wird danach unter anderem vom International
Food Information Council unterstützt, das seinerseits u. a.
von Coca-Cola finanziert wird. Vielleicht haben auch die

Klagen gegen Coca-Cola und Masterfoods ein wenig zur
Bewusstseinsbildung beigetragen. Insoweit war es sicher
ein taktischer Fehler der Beklagten, diese Verfahren
gleich zu Beginn „an die große Glocke zu hängen", um
sie in der Öffentlichkeit in Misskredit zu bringen.

Frage: In einigen Kommentaren wird Ihnen vorgeworfen,
sich durch Ihre Klagen der Lächerlichkeit auszusetzen.

Deutlich wird hier eine Strategie der Genussmittellobby,
die von Unternehmen und Interessenvertretern auch gegen andere Personen und in anderen Fällen angewandt
worden ist und weiter anwandt wird. Was ihnen nicht
passt, wird durch unsachliche Argumente und billige Polemik abgewertet. Sie versuchen z. B., das von ihnen ge-
fürchtete amerikanische Produkthaftungsrecht mit Ge-
schichten wie der von der Katze in der Mikrowelle (die
gelegentlich auch einmal ein Hund sein kann) zu diskre-
ditieren. Dieses Vorgehen zeigt aber auch, dass die Beklagten eine ernsthafte und sachliche Auseinandersetzung
vor Gericht scheuen. Denn wenn sie ihrer Sache sicher
wären, hätten sie in Ruhe den Ausgang der Prozesse ab-
warten können. Jeder Bürger hat im Rechtsstaat Anspruch
darauf, seine von dem Schuldner bestrittenen Forderun-
gen in einem geordneten gerichtlichen Verfahren zur
Überprüfung zu stellen. Verfassungsrechtlich legitimiert
zur Beurteilung des Anspruchs sind allein die zuständigen
Gerichte. Das Vorgehen der Beklagten stellt daher auch
eine Missachtung des Gerichts und den Versuch der
rechtswidrigen Einflußnahme dar.

   Die Genussmittellobby betreibt ihre Geschäfte natürlich so, dass der Normalbürger unsaubere Machenschaften
nicht durchschaut. Im Parteispendenskandal ist beispielsweise eine heimliche, nicht deklarierte Großspende einer
Firma, bekannt für ihre angeblich gesunden Kinderpro-

dukte, an eine hessische Partei bekannt geworden. Man hat
also versucht, die Öffentlichkeit über bestehende Verbindungen zu täuschen. In Norddeutschland gibt es eine ord-
nungsgemäß angemeldete Spende von 200 000,– Euro eines Kaffeeanbieters für eine Partei. Nur derjenige, der
weiß, dass ein führendes deutsches Tabakunternehmen zu
demselben Konzern gehört, kann überhaupt den Verdacht
haben, dass derartige Zahlungen auch im Zusammenhang
stehen mit dem Vorgehen der Bundesregierung gegen das
Tabak-Werbeverbot der Europäischen Union. Ich habe
deshalb Verständnis dafür, dass viele Menschen nicht erkennen, worum es in letzter Konsequenz in den Prozessen
geht und warum gerade ein Richter einen solchen Prozess
führt. Wie die Erfahrung des Nationalsozialismus gezeigt
hat, ist ein Richter, der dies nicht aushalten kann, ungeeig-
net, seinen Verfassungsauftrag auch in unruhigen Zeiten zu
erfüllen. Menschen, die gegen den Strom schwimmen,
werden von ihren Zeitgenossen selten verstanden. Hierfür
gibt es in der Geschichte zahlreiche Beispiele. Ohne mich
mit solchen Personen der Zeitgeschichte vergleichen zu
wollen: Es gab vor 2000 Jahren jemanden, der versuchte,
seinen Mitmenschen klarzumachen, dass Gewalt gegen
Gewalt das Problem nicht löst. Man hat ihn dafür gekreu-
zigt. Die aktuelle Entwicklung im Nahen Osten zeigt, wie
recht er hatte.

*Frage: Aber führen derartige Prozesse nicht zu einer
Amerikanisierung der deutschen Rechts- und Wirtschafts-
ordnung?*

Der Vorwurf amerikanischer Methoden bzw. der Amerikanisierung des deutschen Rechts liegt auf derselben Linie. Die Prozesse werden bisher ausschließlich nach deutschem und nicht nach amerikanischem Recht geführt. Daher ist die Gefahr eine Prozesslawine überhaupt nicht so

groß; denn der Nachweis der Kausalität muss in jedem
Einzelfall geführt werden. Sammelklagen nach amerikanischem Muster sind hierzulande nicht möglich. Außerdem: Wer wie die Beklagten mit amerikanischen Methoden in Reinkultur arbeitet, sollte sich Antiamerikanismus
sparen und darf sich wohl kaum über amerikanische Verhältnisse beschweren. Unterstellt wird zugleich, dass diese Methoden unsinnig sind, und dies wird mit der ständigen Wiederholung abwegiger Beispiele belegt. Als ob die
Katze in der Mikrowelle der geeignete Präzedenzfall für
amerikanisches Produkthaftungsrecht wäre! Ich gehe sogar noch weiter: Teilweise brauchen wir amerikanische
Sitten auch im globalisierten Deutschland. In der Europäischen Union setzt sich mehr und mehr die Erkenntnis
durch, dass Großkonzernen nur noch auf der wirtschaftlichen Ebene beizukommen ist. Immer neue Rekordbußen
gegen Unternehmen, zuletzt 850 Millionen Euro gegen
BASF wegen Wettbewerbsverstößen bei Vitaminproduk-
ten, belegen das. Es erscheint nachvollziehbar, dass die
Beklagten dies fürchten. Sie versuchen, durch Panikma-
che diese Angst auf die nicht betroffene Mehrheit zu übertragen. Amerikanische Gerichte sind nicht nur mit angeblich dummen Laien, sondern auch mit erfahrenen Berufs-
richtern besetzt, die wissen, was sie tun, und die die
Verhältnisse im eigenen Land überblicken. Und Amerika
hat etwas mehr Erfahrung im Umgang mit Großkonzernen als wir. Gesetzliche Vorschriften reichen nicht immer
aus und können nicht immer schnell genug erlassen werden, um Missbräuchen wirtschaftlicher Freiheiten zu begegnen. Der Spiegel bemerkt in dem Artikel vom 12. 7.
2002: „Selbst der schwerfällige Koloss aus Atlanta
(Anm.: Coca-Cola) handelt rascher als die Politik reagieren kann." Wie die aktuellen Nahrungsmittelskandale zeigen, sind Gewissenlosigkeit und kriminelle Energie auch
vielfach schneller als noch so viele Aufsichtsbehörden.

Der Druck durch die Gefahr zivilrechtlicher Haftung ist ersichtlich nötig, um dem zu begegnen.

Frage: Gibt es die von Ihnen beschriebenen Einflüsse tatsächlich? Sehen Sie nicht etwas zu schwarz, was das Verhalten in Deutschland tätiger Unternehmen angeht?

Wir sind heute bei den Süßwaren da, wo wir bei den Tabakwaren vor einigen Jahrzehnten waren. Mir liegt die Kopie des Berichts von Wissenschaftlern der University of California San Francisco vor über die nachhaltige Beeinflussung von Politik, Wissenschaft und öffentlicher Meinung durch die Tabakindustrie in der Schweiz. Es gibt weiter einen von der Weltgesundheitsorganisation WHO geförderten Bericht, betreffend die Vertuschung von Forschungsergebnissen über die Gefahren des Rauchens unter dem Titel „Shameful science: four decades of the German Tobacco industry's hidden research on smoking and health" (Schändliche Wissenschaft: Vier Jahrzehnte Vertuschung von Forschungsergebnissen über Rauchen und Gesundheit durch die deutsche Tabakindustrie). Die dort geschilderten Methoden sind offensichtlich allgemein üblich. Die Forscher der University of California bezeichnen dies als „weltweite Wiederverwertung der Strategie".

In den Untersuchungen ist beispielsweise geschildert, wie sich Unternehmen im Hintergrund halten, um negative Publizität zu vermeiden, und ihre Kampagnen und Klagen gegen Gegner durch unverdächtige Stellvertreter führen lassen. Dies ist eine Strategie, der sich auch die Genussmittelbranche in Deutschland bedient, die Süßwaren- und Süßgetränkeindustrie beispielsweise durch die „Centrale Marketinggesellschaft der deutschen Agrarwirtschaft" (CMA) und eigene Forschungseinrichtungen wie das Lebensmittelchemische Institut des Bundesverbandes der Zuckerindustrie. Wer sich über die Vielzahl der Ein-

richtungen, den Umfang der Verflechtungen oder die
massive Propaganda der Zuckerlobby informieren will,
kann dies tun im Internet z. B. unter www.cma.de oder
www.bdsi.de. Auch Einrichtungen wie die Deutsche Gesellschaft für Ernährung (DGE) sind nicht unabhängig.

Nicht weniger gefährlich ist die Manipulation der Wis-
senschaften und der Arztfortbildung. Die Einflussnahme
etwa der Pharma-Industrie auf die Diabetologie ist
Gegenstand von zwei Berichten des öffentlich-recht-
lichen Fernsehens gewesen, nämlich des ZDF vom 25. 6.
2002 und der ARD vom 09. 7. 2002, die ich bereits erwähnt hatte. Dort werden einige führende Diabetologen
genannt, die von der Industrie Zahlungen und sonstige
Vergünstigungen erhalten haben. Im Niedersächsischen
Ärzteblatt 8/2002, S. 9, bezeichnet Senatsdirektor a. D.
Prof. Dr. Schönhofer Pharma-Marketing als die „größte
Bedrohung der ärztlichen Fortbildung". Dabei spiele Desinformation, also gezielte Unterdrückung, Diffamierung
und Verfälschung kritischer Informationen, eine große
Rolle. Auf Kongressen und in Publikationen werde zunehmend skrupellos gelogen, um Produkte vorteilhaft erscheinen zu lassen. Wie die Zuckerlobby selbst die für die
Ausbildung der Ärzte bestimmte sekundärwissenschaftli-
che Literatur manipuliert, zeigt folgendes Beispiel: Durch
die sog. „Freiburger Konsensgespräche" ist die angebli-
che Unbedenklichkeit des Zuckers in Deutschland festgestellt worden. Dies gilt seither als herrschende Meinung.
Bekanntlich lädt ein interessierter Veranstalter zu solchen
Gesprächen diejenigen Wissenschaftler ein, die zuverläs-
sig seine eigene Meinung vertreten, sichert ein luxuriöses
Ambiente oder zahlt ansehnliche Vortragshonorare. Die
Beiträge der Teilnehmer der o. g. Tagung sind in einem
Tagungsband zusammengefasst, der später als Supple-
ment (Anlagenband) zu einem Standardlehrbuch der Er-
nährungswissenschaften erschienen ist. Der Thieme-Ver-

lag hat allerdings aus dem so bundesweit verbreiteten Tagungsband den Sponsorenvermerk gestrichen: Mit freundlicher Unterstützung der deutschen Zuckerindustrie.

Die führende englische Medizinzeitschrift The Lancet berichtet im April 2002 in einem Leitartikel, unter der Überschrift „The tightening grip of big pharma" (Der Würgegriff von Big Pharma = Bayer) unter anderem folgendes: Als Professor Cormican sich mit der Bitte um Unterstützung für ein Forschungsvorhaben an Bayer wandte, wurde er aufgefordert, eine Erklärung folgenden Inhalts zu unterschreiben: „We declare, that we will inform Bayer AG in writing of our test results and will not publish or commercialise them without written permission of Bayer AG". (Wir erklären, dass wir Bayer schriftlich über unsere Forschungsergebnisse unterrichten und diese nicht veröffentlichen oder verwerten werden ohne die schriftliche Erlaubnis der Bayer AG). Auch mit Hilfe der Europäischen Kommission gelang es Cormican nicht, Bayer zum Verzicht auf diese Erklärung zu bewegen. Nach Meinung des Lancet gefährdet der Einfluss der die Arzneimittelforschung finanzierenden Unternehmen, der sich nicht nur auf die Auswahl, sondern auch auf die Interpretation der medizinischen Daten erstrecke, die Glaubwürdigkeit der gesamten Pharma-Forschung.

In einem weiteren Internet-Artikel heißt es (übersetzt): „Während der letzten dreißig Jahre hat die Kommerzialisierung der Wissenschaft in den Vereinigten Staaten und auf der ganzen Welt dramatisch zugenommen. ... Obwohl viele die Partnerschaften zwischen Industrie und der Forschergemeinschaft bejubelt haben, ist auch anerkannt, dass sie Interessenkonflikte zur Folge haben, die das Urteil von Vertrauenspersonen, die Glaubwürdigkeit von Forschungseinrichtungen und wissenschaftlichen Zeitschriften, die Sicherheit und Transparenz der Forschung an menschlichen Subjekten, den Grundsatz der Informationsfreiheit und die Berechtigung wissenschaftsbasierter Politik beeinträchtigen. Zum Beispiel: Es ist offensichtlich, dass die finanziellen Bindungen von Forschern an Chemie, Pharmazie- oder Tabakhersteller ihre veröffentlichten Positionen unmittelbar beeinträchtigen, um den Nutzen des Herstellerproduktes hervorzuheben oder den Schaden herunterzuspielen. Eine wachsende Zahl von Beweisen zeigt, dass Geschenke und Anreize der pharmazeutischen Industrie die Beurteilung und Verschreibungspraxis beeinflussen. Es sind Fälle wohlbekannt, in denen die Industrie versuchte, Forschungsergebnisse unglaubwürdig zu machen oder zu verhindern, die für ihre Produkte kritisch waren. Studien des biowissenschaftlichen Fachbereichs zeigen, dass Forscher mit Industriefinanzierung eher dazu neigen, Forschungsergebnisse zurückzuhalten, um den wirtschaftlichen Vorteil zu sichern."

Was für die Pharma-Industrie gilt, gilt auch für die Genussmittelbranche. Im „Archivsystem für die überregionalen Zeitungen 2000" findet sich ein Artikel der Süddeutschen Zeitung vom 18. 4. 2000 mit dem Titel „Zuckerindustrie und Ernährungswissenschaftler arbeiten Hand in Hand". Dort ist beschrieben, wie in scheinwissenschaftlichen Arbeiten die Thesen der Zuckerlobby vertreten werden und wie durch das Weglassen von Sponsorenvermerken deren Einflußnahme verdunkelt wird. Die Bundesregierung kündigt derzeit kurz vor den Bundestagswahlen medienwirksam an, die Ernährungsforschung zu fördern. Drei Netzwerke sollen sich mit den Hauptbausteinen der Ernährung, Fett, Eiweiß und Kohlenhydraten befassen. Das dritte Netzwerk hat seine Arbeit nicht zeitgerecht aufnehmen können, weil ein Großunternehmen der Zuckerindustrie, das daran beteiligt werden sollte, die Veröffentlichung der Forschungsergebnisse verhindern wollte. Es drängt sich die Frage auf: Was will die Zuckerlobby verbergen? Außerdem zeigt sich auch hier die einheitliche Strategie der gesamten Wirtschaft, wie sie etwa auch von der Firma Bayer praktiziert wird, und die darauf hinausläuft, die Verbreitung schon nur potentiell mißliebige Forschungsergebnisse zu verhindern. Der Kläger kann gut verstehen, dass die Südzucker AG nach Pressemeldungen dem Ausgang des vorliegenden Verfahrens mit Sorge entgegensieht.

Die Bundesvereinigung der Deutschen Ernährungsindustrie (BVE), nach eigener Einschätzung ein „wirtschaftspolitischer Spitzenverband" betreibt ausweislich ihrer Internet-Homepage ein ausdrücklich so bezeichnetes „Netzwerk" mit dem Ziel, die wirtschaftlichen Interessen ihrer Mitglieder gegenüber Politik und Wissenschaft „initiativ und aktiv durch eine glaubwürdige, kontinuierliche Kommunikationsarbeit" schlagkräftig durchzusetzen. Als Vorteil der Mitgliedschaft verspricht sie ihren Mitgliedern: „Nutzung des BVE-Netzwerkes für Ihre Belange". Vorstandsmitglieder sind (neben Firmen wie Nestle und Ferrero) die Unternehmen Südzucker und Masterfoods. Mitglied im BVE ist wiederum der Bundesverband der Deutschen Süßwarenindustrie. Die BVE stellt den Vizepräsidenten der europäischen Dachorganisation (CIAA), deren Ziel es ist „europäische Themen und Fragestellungen rechtzeitig zu erkennen, kontinuierlich zu verfolgen und aktiv zu beeinflussen". Nachzulesen ist dies alles unter der Internet-Adresse www.-bve-online.de. Mit CPGmarket.com beteiligen sich Masterfoods und die Südzucker AG an einer Art elektronischem Einkaufskartell, in dem selbst Konkurrenten wie Nestle und Danone zusammenarbeiten. Auch dies belegt die gemeinsamen Marktstrategien der gesamten Süßwarenindustrie (Internet-Adresse: www.cpgmarket.com).

Frage: Was mus nach Ihrer Meinung geschehen? Glau-
ben Sie, mit Warnhinweisen sei etwas zu erreichen?

Zu Unrecht wird in der öffentlichen Diskussion der Pro-
zessstoff auf die Frage von Warnhinweisen reduziert. Es
geht nicht nur um Warnhinweise, sondern um die Vermarktungsstrategien der Genussmittelindustrie insgesamt. Ordnungsgemäße, vollständige und verständliche
Inhaltsangaben und Informationen über die gesundheitlichen Wirkungen von Inhaltsstoffen sind das Mindeste,
was haftungsrechtlich verlangt werden muss. Auch wenn
trotz Warnungen noch immer geraucht wird, sind Warnhinweise allemal ein gutes Argument für Eltern und Er-
zieher. Dies allein genügt aber nicht. Es geht um das ver-
antwortungs- und rücksichtslose Marktverhalten der Beklagten insgesamt. Inzwischen wird von verschiedenen
Seiten gefordert, dass die Hersteller ihr Verhalten grundlegend ändern.

So hat Verbraucherministerin Künast am 13. 7. 2002 in
Berlin völlig zu Recht neue Grenzwerte für Zucker, Fett
und andere bedenkliche Inhaltsstoffe gefordert, weil es
nicht angehen könne, die lebenslangen Folgen ungezügelten Gewinnstrebens auf die Allgemeinheit abzuwälzen.
Auch die Weltgesundheitsorganisation der Vereinten Nationen (WHO) fordert angesichts des epidemischen Aus-
maßes der Fehl- und Überernährung in allen Industriestaaten inzwischen "taxes and marketing restrictions on
sugary food and drink", also besondere Steuern und Vermarktungsbeschränkungen für zuckerhaltige Nahrungsmittel und Getränke. Die Forderung der WHO nach
Vermarktungsbeschränkungen muß unverzüglich aufge-
griffen werden, aus Wettbewerbsgründen zumindest euro-
paweit. Neben dem Werbeverbot für Zigaretten, das in
unverantwortlicher Weise vereitelt worden ist, muss die
Werbung für alle gesundheitsschädlichen Genussmittel

verboten werden. Auch die Forderung nach einem Verbot der Abgabe etwa von Cola-Getränken an Kinder und Jugendliche ist an mich herangetragen worden. Dazu gehört natürlich auch das strikte Verbot von Cola-Automaten an Schulen und anderen Orten mit unkontrolliertem Zugriff von Kindern und Jugendlichen. Diese Forderung ist keinesfalls überzogen. Das Bewusstsein für die Folgen „werbungskonformen" Verhaltens fehlt in der Bevölkerung, wie die bisherigen Reaktionen der Presse auf die Klage zeigen. Es fehlt allemal den Kindern. Und will man die Eltern für ihre Kinder in die Verantwortung nehmen, muss man ihnen die Möglichkeit geben, den Genussmittelkonsum zu regeln. Ähnlich wie die „Quengel-Kassen" (Süßwarenpräsentationen an den Kassen von Supermärkten) müssen auch die „Quengel-Spielecken" verschwinden und die Zugabe von Spielzeug aufhören, mit denen man gezielt Kinder anlockt und das Erziehungsrecht der Eltern zu unterlaufen versucht.

Die Gesundheitssenatorin des amerikanischen Staates Kalifornien, Mrs. Deborah Ortiz, ist führende Verfechterin einer sog. „soda tax", also einer besonderen Steuer auf (zuckerhaltige) Limonaden. Der Erfolg von Coca-Cola beruht zum wesentlichen Teil auf einer beispiellosen Werbekampagne, die ihrerseits mit Hilfe der enormen Gewinnspanne für ein absolutes Billigprodukt finanziert wird und die zur fortschreitenden Verdrängung gesundheitlich unbedenklicher Produkte führt. Coca-Cola ist einer der wenigen amerikanischen Konzerne, die auch 2001 ihren Gewinn deutlich steigern konnten und strebt nach Literaturangaben jährliche Umsatzsteigerungen von 25 Prozent (!) an. Durch eine Besteuerung könnte vor allem erreicht werden, dass gesunde Produkte wieder wettbewerbsfähig werden. Man sollte aber noch weiter gehen: Steuern wie die Tabaksteuer und die diversen Alkoholsteuern sollten zu einer Art „Genussmittel- oder Gesund-

heitssteuer" zusammengefasst und regelmäßig der Steigerung der genussmittelbedingten Krankheitskosten ange-
paßt werden, um die volkswirtschaftlichen Folgen aufzu-
fangen. So kann ein Anreiz für die Hersteller geschaffen
werden, sich ernsthaft um die Produktion und die Verbreitung gesundheitlich unbedenklicher Produkte zu bemühen.

Eine bisher völlig unzulängliche Ausbildung von Ärzten in ernährungswissenschaftlichen Fragen ist seit Jahrzehnten erfolglos kritisiert worden. Ernährungswissenschaften müssen zentrales Ausbildungs- und Prüfungsfach
im medizinischen Studium werden. Die Abhängigkeit der
medizinischen Wissenschaft und der Ärztefortbildung von
der Pharma-Industrie, der es nicht um Krankheitsvermei-
dung, sondern Krankheitsbehandlung geht, muss beendet
werden. Es geht nicht an, dass in der Diabetologie die Ur-
sachenforschung ausgeklammert wird, um den Absatz von
Genussmitteln nicht zu gefährden und mit Milliarden-
aufwand die Folgen der Erkrankung zu behandeln. Die
St.-Vincent-Deklaration der Weltgesundheitsorganisation
WHO ist ein Konjunkturprogramm für die Pharma-Industrie und wird als Fortschritt in der Diabetesbehandlung
verkauft. Dagegen gibt es kaum spezielle Rehabilitations-
kliniken, in denen Diabetes-Spezialisten arbeiten und
in denen längerfristige Behandlungen von Diabetikern
durchgeführt werden.

Netzwerke der Ernährungsforschung, wie sie jetzt das
Bundesministerium für Bildung und Forschung angekündigt hat, dürfen nicht nur dazu dienen, kurz vor Wahlen
den öffentlichen Druck von der Politik abzuleiten. Sie
dürfen nicht aufgelöst oder durch Kürzung der Mittel ar-
beitsunfähig gemacht werden, sobald missliebige Erkenntnisse drohen. Und wer glaubt, dass eine Einbindung
der Industrie nicht zur Unterdrückung unliebsamer Ergebnisse führt, sondern allein die Umsetzung der For-

schungsergebnisse fördert, hat offensichtlich den Bericht der University of California nicht gelesen.

Gesundheitserziehung muss schon im Kindergarten beginnen, weil Verhalten schon in frühester Kindheit geprägt wird. Ernährungserziehung muss in der Schule fortgesetzt werden, statt Schüler im Biologieunterricht die Zahnformeln von Hunden und Katzen auswendig lernen zu lassen, wie ich es selbst noch erlebt habe. Dabei darf sich die Erziehung nicht in Verboten und Warnungen erschöpfen, es muss vielmehr gesundheitsbewußtes Alternativverhalten praktisch eingeübt werden. Schließlich müssen die Arbeitsbedingungen so gestaltet werden, dass auch im späteren Leben gesundheitsbewusstes Verhalten ermöglicht wird. Warum soll nicht, wie aus Japan berichtet wird, Arbeitnehmern in Büroberufen Gelegenheit zu sportlicher Betätigung während der Arbeitszeit geboten werden?

Und nicht zuletzt halte ich es für unumgänglich, die Hersteller für ihre Produkte in die Verantwortung zu nehmen. Nur dann, wenn anderenfalls die Haftung droht, wird ein Unternehmer Geld in gesunde Produkte investieren. Es muss ein „Gesundheitswettbewerb" zwischen den Unternehmen entstehen. Das wirtschaftliche Risiko des Vertriebs gesundheitlich bedenklicher Produkte muss sich erhöhen. Wenn ein Skandal auffliegt, darf es nicht noch aus Steuergeldern Hilfen für die betroffenen Unternehmen geben. Vergleichbar dem Feuerwehrfonds der Banken, muss ein Schadensfonds der Industrie errichtet werden, der für die individuellen und volkswirtschaftlichen Schäden eintritt. Wenn letztlich jeder Unternehmer für die Verstöße anderer Beiträge zahlen muss, entsteht ein Anreiz, diese zu unterbinden und nicht, wie z.B. im Nitrofen-Skandal, bekannt gewordene Schadstoffbelastungen monatelang zu verschweigen. Vor allem muß irreführende und verharmlosende Produktdarbietung konsequenter bekämpft werden. Es kann nicht sein, dass sich zwar die in ihren Absatzmöglichkeiten beeinträchtigten Wettbewerber, nicht aber die betroffenen Verbraucher rechtlich wehren können. Wir brauchen deshalb wie in den USA die Möglichkeit von Popular- oder Sammelklagen oder zumindest ein Klagerecht von speziellen Verbraucherverbänden. Irreführende und verharmlosende Werbung müssen ggf. als Betrug, Körperverletzung usw. strafbar sein. Mir ist unverständlich, warum das nicht schon auf der Basis des geltenden Rechts so gehandhabt wird. Geschädigte Verbraucher sind aufgerufen, sich an die zuständigen Staatsanwaltschaften zu wenden. Man wird prüfen müssen, ob der inzwischen schon Jahrzehnte andauernde und gerade jetzt wieder aktuelle Abbau von Verbraucherschutz- und -informationseinrichtungen sowie deren zunehmende Bürokratisierung weiter hingenommen werden können. Das gescheiterte Verbraucherinformationsgesetz muss unverzüglich in der vom Bundesrat geforderten wirksameren Form verabschiedet werden.

Im Zuge der Prozesse habe ich erfahren: Es gibt zahlreiche Gruppen und Einzelpersonen, die sich um gesundheitliche Aufklärung der Bevölkerung bemühen. Einzeln und allein sind sie jedoch der wirtschaftlichen Macht der Genußmittellobby unterlegen. Sie müssen sich zusammenschließen und enger zusammenarbeiten, statt sich gegenseitig den Erfolg zu neiden und sich Steine in den Weg zu legen. Deshalb habe ich begonnen, alle Personen oder Einrichtungen, die sich im Zusammenhang mit der Berichterstattung über den Prozess an mich gewandt haben oder auf die ich in diesem Zusammenhang aufmerksam geworden bin, unter einer gemeinsamen Dachorganisation zusammenzuführen und die Rechtsprechung zur Produkthaftung im Rahmen meiner Möglichkeiten künftig durch Veröffentlichungen rechtswissenschaftlich zu begleiten. Das „Netzwerk pro sanitate" hat seine Arbeit bereits aufgenommen. Informationen finden Sie im Internet unter www.zuckersucht-Berlin.de. Wer an einer Mitarbeit interessiert ist, kann sich aber selbstverständlich auch an mich persönlich wenden.

Frage: Gefährden derartige Maßnahmen nicht Arbeitsplätze?

Das Arbeitsplatzargument ist ein Totschlagsargument, mit der heute beinahe jede missliebige Maßnahme bekämpft wird. Dadurch wird die berechtigte Sorge der Arbeitnehmer missbraucht, um Solidarisierungseffekte zu erzielen. Einige anonyme Droh- bzw. Schmähbriefe, die ich erhalten habe, sind sicher darauf zurückzuführen. Der Erfolg von Cola-Getränken und Schokoriegeln beruht zum erheblichen Teil darauf, dass sie billig herzustellen, billig zu vertreiben und nahezu unbegrenzt zu lagern sind. Ein solches System ist weitgehend automatisierbar und benötigt wenig menschliche Arbeitskraft. Der Bedarf nach Nahrungsmitteln und Getränken besteht unabhängig von Schokoriegeln und Coca-Cola. Allerdings sind die Produktion und der Vertrieb hochwertiger, gesunder und daher verderblicher Nahrungsmittel personalaufwendiger. Durch die Umstellung auf derartige Produkte würden daher Arbeitsplätze nicht gefährdet, sondern geschaffen. Meines Erachtens gräbt sich die Nahrungsmittelindustrie durch ihre Verweigerungshaltung selbst das Wasser ab. Der Verbraucher wird sich auf Dauer nicht täuschen lassen. Und er wird mit Konsumverweigerung reagieren, wie etwa die Einführung des Euro gezeigt hat.

Kontakt über „Netzwerk pro sanitate"

Die globale Brause

„Coca-Cola hat heute in der ganzen Welt Fuß gefasst.
Das Problem der Coca-Cola-Kultur ist dabei nicht, ob es
gut oder schlecht, ob sie geschmacklos oder elegant ist.
Das Problem ist die Tendenz zu Monopol, Einförmigkeit
und Homogenisierung, also einer einförmigen Weltkultur,
in er jeder mehr oder weniger ununterscheidbar wird."

Benjamin Barber, Politikwissenschaftler

Eine Coca-Cola-Flasche fällt vom Himmel in ein afrika-
nisches Dorf. Sie wirbelt gewachsene Strukturen durch-
einander. Die auftretenden Konflikte bedrohen das Überleben der Dorfgemeinschaft. Die Szene aus dem Kultfilm
„Die Götter müssen verrückt sein" hat geradezu Symbol-
charakter für die globale Cola-Kolonisierung.

Aus der Feder der Werbestrategen im Haus der „Mutter
aller Softdrinks" liest sich das so: „Die Erfolgsgeschichte
von Coca-Cola ist genauso einmalig, wie die Wechselbe-
ziehung dieser Marke zu Politik, Gesellschaft und Kultur."

Begonnen hat die grenzüberschreitende Cola-Offen-
sive nach dem ersten Weltkrieg. Zuerst in den Nachbar-
ländern Kanada und Mexiko, dann in Europa. 1926
gründete der „Cola-General" Robert Woodruff eine Aus-
landsabteilung, um den „Feldzug" nach Europa vorzube-
reiten. Der erste „Angriff" galt Frankreich. Als weintrin-
kende Nation leisteten die Franzosen starken Widerstand. Am 8. Mai 1929 wurde in Essen die erste

„deutsche" Flasche Coca-Cola abgefüllt. Im selben Jahr
bilanzierte das „Hauptquartier" in Atlanta 64 Abfüllanlagen in 28 Ländern.

Die braune Brause im „Dritten Reich"

Max Keith, der erste Geschäftsführer der deutschen Coca-
Cola GmbH, hatte im „Dritten Reich" keine großen Prob-
eme. Er hofierte die Nazis, so dass sogar die Reichspartei-
leitung zu seinen besten Kunden zählte. Von Hitler wird
berichtet, er habe, wenn er sich alleine zurückzog, gerne
den Film „Vom Winde verweht" angeschaut und dabei
Coca-Cola getrunken.

Zu den olympischen Spielen kommt Robert Woodruff
1936 nach Berlin. Er ist Zeuge des Sieges von Jessie
Owens beim 100-Meter-Lauf. Der eigentliche Gewinner
aber war Coca-Cola. Die Ränge waren voller Zuschauer,
die Coke tranken. Nach Owens' Sieg war Woodruff Gast
der Nazi-Elite. Darauf angesprochen, sagte er stets: „Meine Politik heißt Coca-Cola." Als aber die Rohstoffe für
die braune Brause im Hitler-Deutschland knapp werden,
weicht Keith auf ein anderes Getränk aus. Es ist die Geburtsstunde von Fanta, einem neuen Zuckerwasser auf
Molkebasis.

Als die US-Soldaten in den zweiten Weltkrieg eingrif-
fen, war Coca-Cola an vorderster Front dabei. Aus Coca-
Cola-Angestellten wurden Offiziere, ohne dass diese
beim Militär gedient haben mussten. Sie wurden in Uniformen gesteckt und zu „technischen Betreuern" ernannt,
eine Bezeichnung, die es bis dahin nur für Panzertechni-
ker gab. Drei Coca-Cola-Techniker sind als Helden für
den Konzern gefallen.

Charles Bottom, der damalige Verkaufsleiter, wurde
nie müde, eine besonders rührselige Kriegsgeschichte zu
erzählen: „Bei der Landung in der Normandie war es ei-

nem schwer verwundeten Soldaten gelungen, den Strand hinauf zu kriechen. Als er da nachts mehr oder weniger im Sterben lag und versuchte, sich vor der Flut weiter empor zu ziehen, stieß seine Hand an eine leere Coca-Cola-Flasche. Als man ihn später fand, sagte er, es hätte ihn an zu Hause erinnert. Ihn hätte vor dem Sterben bewahrt, dass er sich die ganze Nacht lang an die Coca-Cola-Flasche klammern konnte."

Heiße Geschäfte im „Kalten Krieg"

Während des „Kalten Krieges" zwischen den USA und der Sowjetunion begann unter den Bossen von Pepsi und Coke ein heißer Krieg. Als 1959 zwischen den beiden Supermächten ein Austausch von Ausstellungen vereinbart wurde, nutzte die Pepsi-Company die Gunst der Stunde. Don Kendall, damals deren Präsident, erinnert sich: „Unser Außenministerium wandte sich zuerst an Coca-Cola, doch die wollten nicht mitmachen. Sie fürchteten die Reaktionen im Inland. Als sie mich fragten, sagte ich ja. Denn ich wollte anders als im übrigen Europa, dass wir in Osteuropa als erste Fuß fassen."

So wurde während der Ausstellung in Moskau den Russen der hohe Lebensstandard des kapitalistischen Feindes vorgeführt. US-Vizepräsident Nixon begleitet den Sowjetpräsidenten Chruschtschow beim offiziellen Rundgang. Pepsi-Chef Kendall war mit seinem Vize-Präsidenten gut befreundet: „Ich sagte Nixon, dass ich ein Pepsi in Chruschtschows Hand sehen müsste, sonst bekäme ich Ärger." Also tat Nixon sein Bestes und führte den sozialistischen Machthaber an den Pepsi-Kiosk. Dort sprach Kendall Chruschtschow direkt an. „Ich sagte ihm, ich wollte ihn ein Pepsi kosten lassen, das in New York hergestellt worden war und dann eines aus Moskau, um ihm zu zeigen, dass wir in Moskau die gleiche Qualität

herstellen können wie in New York. Er probierte beide
und sagte, das aus Moskau sei viel besser. Unser Werbe-
slogan lautete damals: Sei gesellig, trink ein Pepsi! So
kamen auf der ganzen Welt in den Zeitungen Bilder heraus, die Chruschtschow beim Pepsi trinken zeigten, mit
der Überschrift: Chruschtschow lernt gesellig zu sein!"

Die US-Präsidenten der Brausegiganten

1960 verliert Nixon die Präsidentschaftswahlen gegen
J. F. Kennedy. Kendall engagiert Nixon als Justitiar für
Pepsi. In der Folgezeit baut Pepsi Nixon für die Präsi-
dentschaft auf.

Während 1961 die Berliner Mauer errichtet wird, eska-
lieren in den USA die Rassenkonflikte. Und Coca-Cola
hatte ein Problem. Die galt als rassistisch, sie hatte keine
schwarzen Vertreter, keine schwarzen Aufsichtsräte, warb
nur mit Schwarzen in der eindeutigen Dienerrolle. Zu al-
ledem wurde den Schwarzen auch noch häufig der Zutritt
zu den Soda-Bars verwehrt, so dass es für sie kein „Symbol der Freiheit" gab.

Die Rede von J. F. Kennedy an der Berliner Mauer
klang für sie wie ein Hohn: „Freiheit ist unteilbar. Ist nur
ein einziger versklavt, so ist keiner frei." In den USA war
zwar 1960 niemand mehr versklavt, aber viele waren
nicht frei.

Deshalb protestierten Studenten insbesondere im Süden des Landes. Sehr häufig endeten die Demonstrationen
in Sit-In's vor und in Imbisslokalen, um den Zutritt für
Schwarze zu erzwingen. Dazu der Buchautor und Cola-
Kenner Mark Pendergrast: „Eine Zeitlang war Coca-Cola
in einer Art Südstaatenmentalität gefangen. Robert Woo-
druf erkannte, wenn Atlanta und Coca-Cola als rassistisch
und rückwärts gewandt erschienen, wäre das schlecht für
das Geschäft."

Denn die Schwarzen waren ja auch eine große Ziel-
gruppe. Darum habe sich Woodruff bemüht, „Amerika
friedlich in die Integration zu führen". Sie engagierten
deshalb einen Schwarzen namens Charles Boom, der
dann sogar häufiger mit Martin Luther King verwechselt
wurde. Er kämpfte recht erfolgreich für ein neues Image.

Pepsi beherrschte in diesen Zeiten den Markt in der
Sowjetunion. Aber 1985 startete Coca-Cola, die sich während des Kalten Krieges zurückgehalten hatte, eine erfolgreiche Initiative. Nach Einführung der Marktwirt-
schaft ist Vielfalt gefragt. Doch Pepsi will den Markt
nicht teilen. Mit Cindy Crawford gehen sie in die Big-
blue-Offensive. Die Erklärung via Fernsehwerbung lautet: „Wir meinen, wenn Moskau an seine Vergangenheit
denkt, sieht es rot. Blickt es aber nach vorn, dann soll es
blau sehen."

Der Kampf um den Weltmarkt

Dieser Kampf um die Kehlen der Menschen tobt weiter,
und zwar mittlerweile überall auf der Welt. Es sieht fast so
aus, als ginge es bei Getränken nur noch um die Wahl zwischen Pepsi und Coke. „Sie mögen das für eine wirkliche
Wahl halten. Ich meine aber, solange sie kein anderes Getränk wählen können oder einfach Wasser oder gar nichts
trinken, haben sie keine sinnvolle Wahl." So sieht es der
Politikwissenschaftler Benjamin Barber.

In Mexiko verwenden Schamanen sogar Coca-Cola für
Reinigungszeremonien, in Kenia bekommen Babys mit
Coke das vermeintlich Beste in die Säuglingsflasche, und
in China verweigern die Kids die traditionellen Teezere-
monien, um mit Coca-Cola die „Yankee-Kultur" einzu-
saugen.

Innerhalb Europas nimmt Coca-Cola im wiederverei-
nigten Deutschland mit 19 Prozent mittlerweile eine füh-

rende Rolle ein. Die Deutschen trinken laut Geschäftsbe-
richt 2001 3,75 Milliarden Liter Coca-Cola-Produkte, also 45,7 Liter pro Kopf.

Barber analysierte sehr treffend die Marktstellung der
beiden großen Konzerne aus der Soft-Drink-Branche:
„Wenn wir über die weltweite Macht multinationaler
Konzerne wie Pepsi und Coca-Cola sprechen, sind wir
versucht, in politischen Begriffen zu denken, so, als ob
sie nur wenig Macht hätten, denn wie viele Panzer hat
schon Coca-Cola, wie viele Divisionen Pepsi? Heutige
Macht bemisst sich aber nicht in militärischen Kate-
gorien, sondern in sanften Formen, in der Fähigkeit, Kulturen zu beeinflussen, menschliche Psychologie und
menschliche Bedürfnisse zu manipulieren, Märkte zu be-
herrschen."

Und dies ist vor allem Coca-Cola hervorragend gelungen, allein ihre Getränke werden täglich schon mehr als
eine Milliarde Mal getrunken.

„Wo Sport ist, ist Coca-Cola", heißt es in der Werbung,
„zwischen Coca-Cola und Sport besteht eine gewachsene,
eine besondere Beziehung." Das demonstrierte der Konzern mit einer noch nie da gewesenen Werbeorgie bei den
Olympischen Spielen im Jahre 1996 in Atlanta. Dieses
„Heimspiel" kostete Coca-Cola 300 Millionen Dollar, die
sich bezahlt machten. Im olympischen Jahr erzielte der
Konzern zwölf Milliarden Dollar Bruttogewinn, der Ak-
tienwert stieg um 40 Prozent. Pepsi war endgültig abge-
schlagen. Weltweit verkaufte Coca-Cola mehr als doppelt
so viel wie Pepsi.

Robert Woodruff stirbt ein Jahr später und geht in die
Konzerngeschichte als derjenige ein, der „eine erfolgreiche Firma zu einem Weltreich gemacht hat".

Doch Coca-Colas unstillbarer Durst ist noch immer
nicht gelöscht. Es leben auf der Erde noch drei Milliarden
Menschen, die lieber Kaffee, Tee oder auch nur Wasser

trinken. Die Coca-Cola-Company wird auch in Zukunft hart daran arbeiten, das zu ändern.

Da drängt sich die Frage auf, wie wir einer solchen Weltherrschaft des Brausegiganten entgehen können. Eine Anregung gibt uns der eingangs erwähnte Film „Die Götter müssen verrückt sein". Er endet damit, dass die vom Himmel gefallene Cola-Flasche begraben wird, und somit in das afrikanische Dorf wieder Frieden einkehrt.

Der Widerstand wächst

„Schüler in Los Angeles werden bald keine Cola, Limo oder andere zuckerhaltige Getränke mehr auf dem Schulgelände kaufen können. Damit will der Bezirk gegen das Übergewicht vieler Schüler kämpfen. Wasser, Milch und Fruchtgetränke mit einem niedrigen Zuckergehalt sollen die kalorienreichen Getränke in Zukunft ersetzten. Nach Schätzungen von Medizinern ist etwa ein Drittel der Schulkinder in Kalifornien übergewichtig."

Süddeutsche Zeitung, 29. 8. 2002

USA

Senatorin Deborah Ortiz's Widerstand gegen Softdrinks in Schulen

Die Gesundheitssenatorin des US-Bundesstaates Kalifornien, Deborah Ortiz, brachte im Frühjahr 2002 im kalifornischen Senat einen Gesetzesentwurf zur Förderung der Gesundheit von Schulkindern ein. Kurz gesagt ging es darum, den Verkauf zuckerhaltiger Getränke, insbesondere Coca-Cola, in den Schulen durch eine Verkaufssteuer einzudämmen, Limos durch gesündere Getränke aus den Schulen zu verdrängen und mit dem Erlös aus der Verkaufssteuer den Schulen Geldmittel für außerschulische Sport-, Ernährungs- und Gesundheitsprogramme zukommen zu lassen. Der Konsum zuckerhaltiger Getränke sei in den USA in den letzten 20 Jahren kontinuierlich angestiegen. Machten in den 60er und 70er Jahren noch Milch

und Milchgetränke den größten Teil des Getränkekon-
sums von Kindern und Jugendlichen aus, so sei seither der
Verbrauch von Limo und Cola an die erste Stelle gerückt.
Zeitgleich hätten Stoffwechselerkrankungen wie
krankhaftes Übergewicht und Diabetes, insbesondere der
bisher eher selten bei Jugendlichen auftretende Diabetes
Typ II, exponentiell zugenommen. In vergleichbar exorbi-
tantem Maß stiegen die Folgekosten für die medizinische
Behandlung dieser Erkrankungen. 30 Prozent der kalifornischen Kinder seien übergewichtig, erklärt das California Center for Public Health Advocacy, das ebenfalls die
Verbannung von Limos aus den Schulen fordert.

Die Befürworter des Gesetzentwurfes sehen einen di-
rekten Zusammenhang zwischen den veränderten Ess-,
Trink- und Bewegungsgewohnheiten der Minderjährigen
und dem erschreckenden Anstieg von krankhaftem Übergewicht in dieser Altersgruppe und seinen Folgeerkran-
kungen. Insbesondere die stark gezuckerten Softdrinks,
die außer Kalorien keine weiteren für die Ernährung
wichtige Stoffe enthielten, seien dafür verantwortlich,
aber auch die Tendenz zum Fast Food.

Die Senatorin stützt sich dabei im wesentlichen auf eine Reihe von Studien zum Zusammenhang zwischen Ernährung und Erkrankungen im Kindesalter, die in den
vergangenen Jahren in den USA durchgeführt worden
sind. Eine der wichtigsten darunter ist die Studie der Harvard Schule für Gesundheitswesen (Harvard School of
Public Health) über den Zusammenhang zwischen Ernährung, insbesondere dem Verbrauch von zuckerhaltigen Limonaden und Fettleibigkeit bei Kindern. Die Autoren dieser Studie fanden heraus, dass 57 Prozent der Kinder einen erhöhten Konsum von zuckerhaltigen Softdrinks
hätten und dass das Risiko, an Fettleibigkeit zu erkranken,
mit jedem Glas oder mit jeder Dose, die über dem täg-
lichen Verbrauch lag, um den Faktor 1.6 steige.

Sie zitiert auch eine Studie des US Landwirtschafts-
ministeriums, der zufolge männliche Teenager im
Durchschnitt das Doppelte, weibliche sogar das Dreifa-
che der empfohlenen Tagesmenge an Zucker zu sich
nähmen. 40 bis 44 Prozent davon stammten aus zuckerhaltigen Softdrinks.

Ihrer Ansicht nach sind zwar viele Lebensmittel, die in
Schulen verkauft würden, nicht gesund, aber „Limos
seien die einzigen Getränke mit so vielen Kalorien ohne
Nährwert". Ihr Vorgehen sei deshalb ein erster, angemes-
sener Schritt.

Untersuchungen der US-Regierung und andere Studien
belegten, so der Direktor des Optimal Weight for Life
Programms am Kinderkrankenhaus Boston und Ko-Autor
der Harvard-Studie, David Ludwig, dass Softdrinks mittlerweile die größte Zuckerquelle in der Ernährung der
Heranwachsenden ausmachten. Weibliche Jugendliche
nähmen täglich 36,2 Gramm Zucker aus Limonaden zu
sich, männliche Jugendliche 57,7 Gramm. „Es ist nicht
ungewöhnlich, dass Teenager 500 bis 1000 Kalorien täglich aus zuckerhaltigen Getränken aufnehmen. Es ist nicht
schwer, zuviel davon zu trinken, da Kalorien in flüssiger
Form offenbar weniger Sättigungsgefühl hervorrufen als
Kalorien in fester Form."

Es gibt mittlerweile in sieben anderen US-Bundesstaaten Steuern auf Softdrinks, mit denen Sozialprogramme
unterstützt werden.

Ortiz' Gesetzesentwurf wurde im Senatsausschuss für
Gesundheit und Soziales (Health and Human Services
Committee) angenommen, im Schulausschuss jedoch fiel
er durch.

Ein Grund für das Scheitern im Schulausschuss des Se-
nats mag dabei sicherlich die chronische Finanznot der
öffentlichen Schulen gewesen sein. Viele Schulbehörden
in den USA haben seit einigen Jahren versucht, fehlende

öffentliche Mittel durch Sponsoring-Verträge oder Aus-
schließlichkeitsverträge mit Limonadenherstellern bzw.
deren Abfüllern auszugleichen, um mit den Erlösen einen
Teil ihrer schulischen Aktivitäten zu finanzieren.

Mehr Erfolg als Ortiz hatte bislang der Schulausschuss
im County Los Angeles. Einstimmig wurde hier im Sommer 2002 der Beschluss gefasst, dass in den 677 Schulen
des Distrikts der Verkauf von Softdrinks bis zum Januar
2004 auslaufen soll. Diese Getränke sollen durch Milch,
Wasser, Sportdrinks und Getränke mit hohem Fruchsaft-
anteil ersetzt werden. Der Verkauf kohlensäurehaltiger
Getränke ist in den Grundschulen des Distrikt jetzt schon
verboten, nun wird die Verfügung auch auf die Ausgabe
solcher Getränke während der Schulstunden in den wei-
terführenden Schulen ausgedehnt. Da aber auch hier be-
fürchtet wurde, dass durch den Wegfall der Verkaufserlö-
se die schulischen Finanzen in Schieflage geraten könnten, wurde vereinbart, in einem kurzen zeitlichen Abstand
einen Bericht über die Entwicklung der Situation zu er-
stellen.

Ähnliche Beschlüsse sind im Schuldistrikt Oakland in
Nordkalifornien sowie im Bundesstaat Texas in Kraft.

Kolumbien

Proteste gegen Morde an gewerkschaftlich organi-
sierten Coca-Cola-Arbeitern

In den Abfüllanlagen der formal von Coca-Cola unabhän-
gigen, de facto aber über Kapitalanteile an den US-Kon-
zern gebundenen kolumbianischen Firma Panamco tobt
ein regelrechter Krieg gegen die Gewerkschaften.

Im Juni 2001 werden die ArbeiterInnen auf Zwangs-
versammlungen dazu aufgefordert, auf ihre bisherigen

Arbeitsverträge zu verzichten. Einige ArbeiterInnen, die sich weigern, werden entlassen. Insgesamt baut das Unternehmen auf diese Weise in kurzer Zeit mehr als 1000 feste Stellen ab oder verwandelt sie in prekäre Beschäftigungsverhältnisse.

○ Am 21. Juni wird der Coca-Cola-Arbeiter Oscar Dario, just an einem internationalen Aktionstag zum Gedenken an die Menschenrechtsverletzungen bei Coca-Cola in Guatemala, in Montería/Nordkolumbien erschossen.

○ Am 30. Juni fordert der Sicherheitschef bei Coca-Cola in Medellín, ein Kapitän der Armee im Ruhestand, die Gewerkschaftsmitglieder im Betrieb auf, sich bei den Tarifverhandlungen zurückzuhalten und unterstellt ihnen Verbindungen zur Guerilla – in Kolumbien eine unverhohlene Todesdrohung.

○ Am 13. Juli beschuldigt der Geschäftsführer von Coca-Cola in Bucaramanga/Nordostkolumbien, Carlos Canas, die Führer der Ernährungsgewerkschaft SINALTRAINAL wegen ihrer Kritik an Coca-Cola der Verleumdung und der Gründung einer kriminellen Vereinigung.

○ Ebenfalls am 13. Juli gehen Todesschwadronen vor dem Haus des SINALTRAINAL-Präsidenten in Barrancabermeja, Juan Carlos Galvis, in Stellung.

○ Vom 21. bis 23. Juli lassen die Abfüllunternehmen ihre ArbeiterInnen in ganz Kolumbien Blankopapiere unterschreiben, die danach als gewerkschaftskritische Briefe der Belegschaft präsentiert werden.

○ Am 22. Juli werden der Gewerkschafter Galvis und seine Ehefrau von Todesschwadronen durch Barrancabermeja verfolgt.

○ Am 3. August taucht ein Paramilitärkommando ebenfalls in Barrancabermeja beim SINALTRAINAL-Aktivisten William Mendoza auf, der sich jedoch nicht zu Hause befindet. Zur gleichen Zeit wird die Ehefrau von

Juan Carlos Galvis von Todesschwadronen kurzzeitig
entführt.

○ Am 13. des gleichen Monats wird ein Coca-Cola-LKW
östlich von Medellín gestoppt. Die Paramilitärs erklären den Fahrern, dass man ein Problem mit der Gewerkschaft habe und diese sich zu einem Gespräch zur
Verfügung zu stellen habe.

○ Am 21. August stehen Paramilitärs vor dem Wohnhaus
des Präsidenten von SINALTRAINAL in der Karibik-
stadt Barranquilla, Osvaldo Camargo. Einen Tag später
nähert sich ein Killerkommando dem Gewerkschafter
und zückt eine Waffe. Camargo kommt nur deshalb mit
dem Leben davon, weil unerwartet ein Passant auf-
taucht.

Mehr als 120 Angriffe hat die Ernährungsgewerkschaft
SINALTRAINAL seit 1990 protokolliert: Ermordungen,
Entführungen, Drohanrufe, inszenierte Terrorismusver-
fahren. In der von Armee und Paramilitärs besonders
streng kontrollierten nordkolumbianischen Region Urabá
wurde die Gewerkschaft sogar im wörtlichen Sinnen,
physisch eliminiert. Im Dezember 1996 ermordeten „Unbekannte" den regionalen SINALTRAINAL-Sekretär Isi-
dro Segundo Gil, ein weiterer Funktionär konnte einer
Entführung nur knapp entkommen. Das Gewerkschafts-
gebäude in der Stadt Carepa wurde in Brand gesetzt, die
ArbeiterInnen des Unternehmens von Bewaffneten ge-
zwungen, „bis 4 Uhr nachmittags aus der Gewerkschaft
auszutreten".

Und die Situation verschlechtert sich weiter. Der
Druck auf jene Coca-Cola-Arbeiter, die noch gewerk-
schaftlich organisiert sind, wird immer größer. AktivistIn-
nen können ihre Wohnungen nicht mehr ungeschützt ver-
lassen und erhalten regelmäßig Morddrohungen. Die
Gewerkschaftssektionen von Barrancabermeja und Buca-

ramanga sind im „inneren Exil". Die GewerkschafterInnen verbringen aus Sicherheitsgründen die meiste Zeit in der Hauptstadt Bogotá.

Diese Firmenpolitik scheint im übrigen nicht auf Kolumbien beschränkt zu sein. Gegen Coca-Cola-GewerkschafterInnen in Guatemala und Peru hat es in den vergangenen Jahren ähnliche Gewalttaten gegeben.

Kolumbianische Gewerkschaften und die „Kampagne gegen Straflosigkeit – Columbia Clama Justicia" mobilisieren deshalb für eine internationale Kampagne gegen Coca-Cola. In den USA hat die Stahlarbeitergewerkschaft „United Steel-Workers" aus Solidarität mit den kolumbianischen Kollegen eine Klage gegen Coca-Cola vor dem Distriktgericht von Süd-Florida eingereicht. Parallel dazu weist ein breites Bündnis von baptistischen Kirchen, Trade Unions und Menschenrechtsgruppen in den USA auf die Arbeitsbedingungen und Skandale bei dem Getränkekonzern hin. Auch Gruppen in Italien, Belgien, Großbritannien und Deutschland haben ihre Unterstützung zugesagt.

Saudi-Arabien

Boykott von Coca-Cola als Symbol des US-Amerikanischen Imperialismus

Der Muslim-Markt (Kontaktadresse im Anhang) ist der Meinung, dass ein Muslim Coca-Cola nicht trinken sollte. Dieses möchten sie versuchen, im folgenden zu begründen:

Das wohl bekannteste Merkmal von Coca-Cola ist, dass seine Zusammensetzung geheim gehalten wurde und wird. Damit wird sogar geworben. Grundsätzlich sollte ein Muslim nicht etwas trinken, von dem er noch nicht einmal weiß, was es ist. Dieses gilt insbesondere, wenn

Fundamentalismus

Pluralismus

aus der Vergangenheit bekannt ist, dass das Getränk bzw. Vorläufer davon islamisch verbotene Inhaltsstoffe hatte. Der Vorläufer hieß „French Wine Coca." der seinem Namen nach die beiden Bestandteile Bordeaux-Wein und Coca-Extrakt erhielt. 1886 beschloss Pemperton ein alkoholfreies Getränk herzustellen, das auf „French Wine Coca" basierte. Damals wurden „nur" noch die Koka-Blätter in Wein eingelegt, bevor sie verarbeitet wurden.

Allerdings ist das nicht der Hauptgrund für die Ablehnung. Konzerne wie McDonald's und Coca-Cola setzen ihre weltweite Präsenz mit brachialen Geschäftspraktiken durch (Die Zeit, 45/2000: Endziel Konsum).

Der weltweite Feldzug des Cola-Imperiums begann mit dem Zweiten Weltkrieg. Das Unternehmen ordnete an, dass jeder US-Soldat überall in der Welt für 5 Cents seine Coca-Cola kriegen sollte. Auf diese Weise baute – mit der Unterstützung von Dwight Eisenhower – die US-Armee überall dort Cola-Fabriken, wo sie intervenierte und stationierte. Nach dem Zweiten Weltkrieg war – mit Ausnahme der kommunistischen Länder – Coca-Cola damit weltweit bekannt und überall erhältlich. Die Überzeugungsmethoden des Unternehmens waren immer extrem imperialistisch ausgerichtet, wobei speziell entblößte Frauen in der Werbung in Kulturkreise eingeführt wurden, in denen noch der traditionelle Anstand herrschte.

Als Ende der 90er Jahre in der islamischen Welt durch die zunehmende Abneigung der Bevölkerung gegen die US-Amerikanisierung mit Einbußen zu rechnen war, startete offensichtlich das Cola-Imperium einen ausgeklügelten Plan. So wurde Prinz Alwaleed bin Tala, der Neffe des saudiarabischen Königs Fahd, dazu überredet, sich am Gewinn (und auch Verlust) von Cola zu beteiligen. So kaufte der Prinz im Frühjahr 2000 mit Öl-Dollars u. a. Aktien von Coca-Cola und Pepsi-Cola für jeweils 50 US-Dollar (daneben auch Walt Disney, McDonald's, Procter

& Gamble und Ford). So war schon einmal sichergestellt, dass ein einflussreicher Monarchennachkomme ein großes Eigeninteresse am Verkauf der Cola in der muslimischen Welt hatte. Als das immer noch nicht ausreichte, um die Verkaufszahlen zu steigern, ereignete sich etwas sehr merkwürdiges in Ägypten:

Es wurde das Gerücht verbreitet, dass das Logo der US-Firma angeblich antiislamisch sein soll. Im ersten Moment war man nur allzu willig in Ägypten bereit, an eine weltweite Verschwörung gegen die arabische Welt und den Islam zu glauben. Im Spiegelbild des altmodischen Logos von Coca-Cola wollten angeblich ägyptische Frömmler einen arabisch geschriebenen Aufruf gegen den Islam erkennen, nämlich „La Mohammed, la Mekka", auf Deutsch: „Nein zu Mohammed, nein zu Mekka".

Der Hintergrund dieser Anschuldigung bestand in der Spiegelung des Cola-Logos gemäß folgendem Schema:

Die spiegelverkehrte Version bedurfte einer nur sehr geringen Retusche, um daraus die oben zitierten arabischen Schriftzeichen zu erkennen:

Rund um die Azhar-Moschee in Kairo und die ihr an-
geschlossene Universität wurden am Wochenende Flug-
blätter mit dem Logo in Spiegelschrift und der Aufforde-
rung verteilt, das islamfeindliche Getränk zu boykottie-
ren. Die Direktoren der dortigen Cola-Vertretung waren
offensichtlich vorbereitet. Der verantwortliche Manager
für den Mittleren Osten, Mahmud Hamdi, bat Kairos
Großmufti, Scheich Nasr Farid Wassel, unverzüglich ein-
zugreifen. Wassel erklärte daraufhin, dass das Logo von
einem Komitee von Experten in religiösen Fragen unter-
sucht würde. Gleichzeitig kam ein ähnliches Komitee
„zufällig" in Saudi-Arabien zusammen, das ja eigentlich
gar nicht betroffen war. Erwartungsgemäß kamen beide
Komitees zu dem Schluss, dass es sich um eine Beschul-
digung ohne jegliche Grundlage handle. Wassel verurteil-
te anschließend die Aufwiegler und betonte, dass derartige Gerüchte Tausende von ägyptischen Arbeitern arbeits-
los machen könnten. Damit hatte Cola nicht nur die
Sympathien der Arbeiter für sich gewonnen, sondern auch
noch eine quasireligiöse Legitimierung.

Dieses Mal hatte der Fatwa-Trick aufgrund der Unauf-
merksamkeit einiger gut geklappt. Fünf Jahre zuvor war
ein vergleichbarer Versuch im Iran dagegen total schief
gegangen. Als Vorgeschichte muss erwähnt werden, dass
die US-Regierung, obwohl sie den Verkauf aller nur
erdenklichen Waren aus den USA in den Iran verbietet
und Verkäufe anderer Länder extrem zu behindern versucht, offensichtlich den Export von Coca-Cola freigibt.
Am 1. Mai 1995 bekräftigte US-Präsident Clinton die
Verschärfung des Handelsboykotts gegen Iran. Diese Verschärfung schloss aber Coca-Cola nicht ein. Zunächst
konnte nach der Islamischen Revolution das Getränk ohnehin nicht unter seinem eigenen Namen verkauft werden, daher wurde ein wirklich übler Trick angewandt und
dem Getränk der Name „Zamzam"-Wasser verpasst.

Nicht nur deshalb, sondern weil Coca-Cola sicherlich auch gesundheitsschädlich ist, haben die bewussten Muslime im Iran das Getränk immer verdammt. Unglücklicherweise war es ein, wenn auch kleiner, Wirtschaftsfaktor. So konsumierte der Iran mit seinen 60 Millionen Bevölkerung ca. zwei Milliarden Flaschen (0,2 l) des Getränkes pro Jahr, d. h. jeder zehnte Iraner trinkt im Schnitt jeden Tag eine Flasche. Coca-Cola wird im Iran seit 1992 mit Original-Lizenz durch westlich orientierte iranische Kapitalinhaber produziert, was eine ständige Abgabe an den Lizenzgeber bedeutet, und Pepsi-Cola eröffnete 1994 auch eine Produktionsanlage. Da der Iran prinzipiell den freien Handel gewährleistet, wurde von offizieller Seite nichts dagegen unternommen. Dennoch nahmen die Verkaufszahlen ab. Vor diesem Hintergrund stellte man die Frage nach der Legitimität des Getränkes an Imam Khamene'i in der Hoffnung, dadurch einen zusätzlichen Werbeeffekt zu erlangen (siehe oben). Die Frage hatte keinen eindeutigen Charakter. Jeder wusste, wenn das Getränk religionsrechtlich verboten gewesen wäre, dann dürfte es keine Produktionsstätte im Iran mehr gegeben. Bei einer möglichen religiösen Erlaubnis jedoch könnte damit für das in Bedrängnis geratene Getränk geworben werden. Aus diesen beiden Möglichkeiten heraus war es eine schwierige Frage. Die Antwort-Fatwa von Ayatollah Khamene'i (dem religiösen Führer) im Februar 1995 war fatal für alle Cola-Hersteller und Konsumenten: „Alles, was (direkt) die weltweite Arroganz und die zionistischen Kreise stärkt, ist haram (verboten) für die Muslime." Aufgeschreckt von dieser Fatwa wandten sich die Produzenten der Getränke im Iran an Ayatollah Khamene'i und baten ihn um eine Klarstellung. Dieses Mal antwortete nicht er selbst, sondern sein Büro und teilte den Fragenden mit, dass sich die Aussage nicht auf ein bestimmtes Getränk bezog, sondern eine allgemeingültige

Aussage war. Aber jeder, der es verstehen wollte, hat die
Fatwa verstanden! Statistiken über die Cola-Verkaufszah-
len seit dieser Fatwa liegen leider nicht vor. Aber Beob-
achter können feststellen, dass die vielen guten orientali-
schen Getränke ihre Beliebtheit wiedergewinnen und dieses westliche Getränk zunehmend vergessen lassen, so
dass meistens nur noch westlich orientierte Kreise derar-
tiges trinken.

Coca-Cola ist als besonders übles Beispiel der sogenannten Globalisierung. Denn Coca-Cola ist das Symbol
für die Expansion US-amerikanischer Kultur in der Nach-
kriegszeit, eine Expansion, die man als ‚Amerikanisierung' bezeichnen kann. Die Erfolge des Unternehmens
haben solche Ausmaße erreicht, dass Coca-Cola für viele
Menschen in der ganzen Welt synonym mit amerikanischer Kultur ist. Und es sind nicht nur Muslime, die zum
Boykott von Coca-Cola aufrufen.

Anfang 2001 wurde in der Schweiz erstmals laut über
Vergeltungsmaßnahmen nachgedacht, und zwar nach den
amerikanischen Boykott-Ankündigungen gegen Schweizer Banken. Aufgrund dieser Ankündigungen, wollten die
Schweizer im Gegenzug auf US-Produkte wie Coca-Cola
und Nike oder Ferien in den USA verzichten. Danach fragte die Boulevardzeitung „Blick" ihre Leser. Eine überwäl-
tigende Mehrheit von 69 Prozent antwortete mit Ja.
Swatch-Chef Nicolas Hayek kündigte inzwischen an, er
werde bei einem Boykott gegen Schweizer Firmen keine
US-Produkte für seine Uhrenherstellung mehr kaufen. Dazu kamen schweizer Hinweise an Israel, die Menschen-
rechte zu achten. Israels Botschafter in der Schweiz, Jizhak
Mayer, protestierte gegen den Aufruf. Er fühle sich an den
deutschen Nazi-Ruf „Kauft nicht bei Juden" erinnert, sagte Mayer. Nachdem das Schweizer Parlament einige Male
die Israelis daran erinnert hatte, das auch Palästinenser als
Menschen gemäß den Menschenrechtskonventionen zu

behandeln sind, hatte Anfang Juni 2000 der Staat New York einen Stufenplan mit Sanktionen angekündigt, für den Fall, dass sich die Schweizer Großbanken und der Jüdische Weltkongress nicht bis Anfang September auf einen Vergleich zur Entschädigung von Holocaust-Überlebenden einigen. Der Plan reichte von einem Rückzug aus Tagesgeld-Anlagen bis zu einem möglichen totalen Boykott von schweizer Produkten im kommenden Jahr. Sollten weitere US-Bundesstaaten dem Plan von New Yorks Finanzchef Alan Hevesi folgen, drohte ein Handels- und Wirtschaftskrieg zwischen der Schweiz und den USA. Die drei Großbanken der Schweiz prüfen daher inzwischen rechtliche Schritte gegen die Boykott-Staaten. Der Schweizer Bundesrat denkt über eine Klage bei der Welthandelsorganisation (WTO) in Genf nach. Und das Volk redet offen von einem Handelsboykott auf Verbraucherebene. Und welches Produkt wird zuerst genannt? Coca-Cola als Symbol US-amerikanischen Imperialismus.

Auch das Cola-Unternehmen selbst gibt diesen Sachverhalt zu, so sagte Coca-Cola-Chef Douglas N. Daft in DER SPIEGEL 13/2000: „Coca-Cola ist ein Ausdruck unserer Zeit, ein Symbol für Veränderung. Die ehemaligen DDR-Bürger zum Beispiel kannten Coca-Cola, bevor die Mauer fiel, sie wollten mit diesem Getränk nicht allein den Durst löschen – Coke war für sie ein Symbol für einen anderen way of life. Kein anderes Produkt ist heute weltweit so bekannt wie Coca-Cola."

Ein weiterer Boykottaufruf erfolgte von den eigenen Mitarbeitern im Frühjahr 2000. Die Neue Zürcher Zeitung berichtete am 18. Mai 2000, dass seit dem 19. April ein afroamerikanischer Boykottaufruf gegen die von Coca-Cola produzierten Waren existiert. Hintergrund war eine Rassendiskriminierungsklage, welche bereits im Jahr 1999 von acht ehemaligen und aktiven Mitarbeitern der Firma eingereicht wurde. Durchschnittlich, so erklärten

die Kläger, verdienten schwarze Mitarbeiter der in Atlanta (Georgia) ansässigen Firma pro Jahr etwa 27 000 Dollar weniger als ihre weißen Kollegen. Zudem gibt es nur
einen schwarzen Manager und ein afroamerikanisches
Vorstandsmitglied. Hispano-Amerikaner, eine weitere
große ethnische Bevölkerungsgruppe der USA, sind auf
den Chefetagen von Coca-Cola überhaupt nicht vertreten.
Von offizieller Seite wurde durch den Konzernchef Douglas Daft jegliche Diskriminierung abgestritten, doch es
war offensichtlich, dass Coca-Cola eine außergerichtliche
Einigung anstrebte, denn viel Geld steht auf dem Spiel.
Mehr noch als die potenziell hohen Abfindungen für die
acht Kläger bereitet Coca-Cola die Aussicht Sorge, dass
eine Drohung wahr wird: 2 000 weitere ehemalige und aktive Mitarbeiter tragen sich mit dem Gedanken, sich den
acht Kollegen anzuschließen und eine Sammelklage ein-
zureichen. Im Falle einer Verurteilung und Abfindungs-
zahlungen würde das Unternehmen stark belastet. Trotz
seiner Größe hat das Unternehmen schlechte Chancen gegen die gut organisierten Kläger, die sich zum Committee
for Corporate Justice (Komitee für Unternehmens-Ge-
rechtigkeit) zusammengeschlossen haben. In einer Aufse-
hen erregenden Aktion, die an die sogenannten „Freedom
Riders" der Bürgerrechtsbewegung der 1960er Jahre er-
innerte, fuhren 45 ehemalige und aktive Mitarbeiter von
Coca-Cola mit einem Bus durch den Süden der USA. Ihre fünftägige Fahrt – der „bus ride for justice" – endete am
20. April in Wilmington (Delaware), wo die jährliche Ak-
tionärsversammlung der Firma stattfand. Inwieweit der
Boykott Wirkung zeigen wird, ist ungewiss. Eines aber ist
klar: Das multi-ethnische Image, das Coca-Cola mit gro-
ßem Aufwand gepflegt hat, ist schon jetzt stark beschä-
digt.
    Inzwischen hat das Cola-Imperium nicht nur in den
USA, sondern auch z. B. in Deutschland zahllose andere

Getränke aufgekauft. So gehören z. B. Fanta, Sprite, Bo-
naqua und zahllose sogenannte Energy-Drinks dem
Unternehmen. Aber nicht alle Regierungen nehmen die
Ausbreitung des Monopols ohne weiteres hin. So fragte
der Spiegel den Cola-Chef Douglas N. Daft (DER SPIE-
GEL 13/2000): „Plötzlich wehren sich selbst nationale
Regierungen wie die Frankreichs gegen Coca-Cola, wenn
Ihr Konzern versucht, eine Konkurrenzfirma aufzukau-
fen. Welche Erklärung haben Sie für den unerwarteten
Widerstand?" Und Daft antwortete: „Ich glaube, wir ha-
ben die nationalen Sensibilitäten oft falsch eingeschätzt.
Europa ist im Umbruch – keine Regierung will sich in
dieser Phase vorwerfen lassen, die Interessen seiner nationalen Industrien nicht ausreichend zu schützen."

Zu den weiteren Methoden des US-Wirtschaftsimperi-
alismus gehört die Zurückhaltung von negativen wissenschaftlichen Erkenntnissen über ihre Produkte. Insbesondere über Coca-Cola gibt es zahlreiche solche Erkenntnisse. So verursacht Cola z. B. mürbe Knochen. Trinken
Kinder viel Cola, brechen ihre Knochen leichter, so das
Ergebnis einer amerikanischen Studie mit Kindern und
Jugendlichen. Das Fraktur-Risiko liege um so höher, je
mehr Cola getrunken wird.

Im Mai 2002 wurde ein schwerwiegender Vorwurf gegen Coca-Cola von den eigenen Mitarbeitern erhoben. Erneut ging es um Rassismus!

Dutzende Coca-Cola-Angestellte beschuldigen ihr Unternehmen, in Texas alte Coke-Dosen mit abgelaufenem
Haltbarkeitsdatum in neue Verpackungen gesteckt zu haben. Die „recycelten" Dosen sollen dann in den Armen-
vierteln von Nordtexas verkauft worden sein. Das Unternehmen weist die Anwürfe entschieden zurück.

Die Deutsche Presse-Agentur (dpa) berichtete: William Wright aus Dallas, seit 14 Jahren Coca-Cola-Liefer-
wagenfahrer, will nicht länger schweigen. Jahrelang hat er

nach eigenen Angaben Coke-Trinker vorsätzlich getäuscht. Bei Coca-Cola in Texas, berichtet Wright in der
„New York Times", sei es üblich gewesen, alte Coke-Dosen aus ihren Pappverpackungen mit abgelaufenem Haltbarkeitsdatum zu nehmen und sie in neue Verpackungen
umzupacken. Die so optisch aufgefrischte Ware sei dann
an Einzelhändler in vorrangig von Schwarzen und Spa-
nischstämmigen bewohnten Nachbarschaften im Norden
von Texas ausgeliefert worden – denn Coca-Cola habe
darauf spekuliert, dass in diesen armen Gegenden niemand die Ware genauer unter die Lupe nehme, wenn der
Preis stimmt. „Sie (Coca-Cola) senkten den Preis und lie-
ferten die Getränke dann an schwarze oder spanische Geschäfte", bestätigt auch Llewellyn Hamilton. Der 49-Jäh-
rige arbeitet seit mehreren Jahre für Coca-Cola in Dallas.
Laut Hamilton war die Praxis weit verbreitet. Intern habe
das Unternehmen Produkte, deren Haltbarkeitsdatum beinahe abgelaufen war, als „near-dated" bezeichnet. Coca-
Cola weist die Vorwürfe zurück. Eine Sprecherin von
Coca-Cola Deutschland sagte gegenüber SPIEGEL ON-
LINE, in den USA sei wegen der Vorwürfe eine Untersuchung eingeleitet worden. Diese habe keine Anhaltspunkte für ein Fehlverhalten von Coca-Cola-Mitarbeitern
ergeben. „Unseren Kunden nur Produkte höchster Qualität zu liefern, ist eine der wichtigsten Geschäftsregeln
von Coca-Cola", so die Sprecherin. Zudem gebe es im
Unternehmen zahlreiche interne Richtlinien für die
Gleichberechtigung von Minderheiten. „Sollte ein Mitarbeiter gegen unsere Regeln verstoßen haben, wird er dafür
zur Verantwortung gezogen werden", so das Unternehmen. Allerdings klingt diese Version wenig glaubhaft,
denn die Zahl der Zeugenaussagen ist erdrückend. In
Nord-Texas findet inzwischen eine wahre Rebellion von
Coke-Lieferwagenfahrern, einfachen Arbeitern und Ver-
käufern statt. Dutzende von ihnen haben inzwischen be-

stätigt, dass sie auf direkte Anweisung ihrer Vorgesetzten beinahe ein Jahrzehnt lang alte Coke neu verpackt und ausgeliefert haben. Alte Coke kommt in den Automaten. Auch Kenneth Newsome, ein Manager der Supermarktkette Sack n Save berichtet, dass alte Getränkedosen mit einer neuen Verpackung versehen wurden. Coke-Angestellte hätten in seinem Laden ältere Ware aus dem Regal entfernt und diese in einem Hinterzimmer des Supermarkts in neue Verpackungen gesteckt. Ein Teil der alten Getränke sei zudem in die Getränkeautomaten des Geschäftes einsortiert worden, so Newsome. „Sie benutzten Fensterreiniger, um das Haltbarkeitsdatum auf den Flaschen zu entfernen." „Ich wusste, dass das, was wir machten, falsch war", sagt Truck-Fahrer Wright, „aber jedes Mal, wenn ich das Thema ansprach, bekam ich zu hören: *,Ich bin der Boss. Mach, was ich dir sage!·*‘"

Anhang

Anschriften

S. 40: Europäisches Institut für Lebensmittel- und
Ernährungswissenschaften (EU. L. E. e. V.)
Treffauerstr. 30
D-81373 München
www.das-eule.de

S. 41: Gesellschaft für Gesundheitsberatung (GGB) e.V.
Dr.-Max-Otto-Bruker-Str. 3
D-56112 Lahnstein
www.dr-bruker.de

S. 103: „Netzwerk pro sanitate"
c/o Siegfried Pater
Bonner Talweg 317
D-53129 Bonn
www.zuckersucht-berlin.de

S. 113: Senatorin Deborah Ortiz
State Capitol, Room 5114
Sacramento, CA 95814
USA
http://democrats.sen.ca.gov/senator/ortiz/

S. 116: „Kampagne Coca-Cola Kolumbien"
c/o Schwarze Risse
Gneisenaustr. 2 A
D-10961 Berlin
www.kolumbienkampagne.de

S. 119: Muslim-Markt
Schilfweg 53
D-27751 Delmenhorst
www.muslim-markt.de

Publikationen/Quellen

Peter Aldenrath: „Die Coca-Cola-Story – Wie Erfolge gemacht werden", Tessloff Verlag, Nürnberg 1999.

Jürgen Birmanns: „Diabetologie am Scheideweg", Teile 1–3, in: Der Gesundheitsberater, Juni-August 2002.

Max Otto Bruker: „Diabetes, die Zuckerkrankheit – Ursachen und biologische Behandlung", emu-Verlag, Lahnstein 2000.

„Das Original Coca-Cola Kochbuch", Gräfe und Unzer Verlag, München 2001.

Andreas Fasel: „Wie süß darf die Verführung sein?", Welt am Sonntag, 25. 11. 2001.

„Faszination Coca-Cola – Einsichten in einen Mythos", Ausstellungskatalog der Stiftung Haus der Geschichte der Bundesrepublik Deutschland, Bonn 2002.

Helmut Fritz: „Das Evangelium der Erfrischung – Coca-Colas Weltmission, Rowohlt Taschenbuchverlag, Reinbek 1985.

Ilse Gutjahr/Max Otto Bruker; „Zucker, Zucker", emu-Verlag, Lahnstein 2001.

Rainer Heubeck: „Coca-Cola vor Gericht – Kolumbianische Gewerkschafter werfen dem Getränkeskonzern ‚Beihilfe zum Mord' vor", in: ran-Magazin, 3/ 2002.

Al Imfeld: „Zucker", Unionsverlag, Zürich 1986.

Hans Hoff: „Ein großer Bluff", Süddeutsche Zeitung, 14. 6. 2002.

Ekkehard Launer: „Zum Beispiel Zucker", Lamuv-Verlag, Göttingen 1998.

Thomas Jeier/Hans Georg Fischer: „Das Coca-Cola-Kultbuch – 100 Jahre Coke", Heyne Verlag, München 1986. (Auszug: siehe Kapitel „Das selbsternannte Symbol der Freiheit")

H. Leighton Steward, Morrison C. Bethea, Sam S. Andrews, Luis A. Balart: Zucker-Knacker – Das Ernährungskonzept der Zukunft, Goldmann Verlag, München 1999.

Christa Murken-Altrogge: „Coca-Cola – Ein Markensignet als Zivilisationssymbol", in: du – Die Kunstzeitschrift, 5/1981.

Siegfried Pater: „Dr. med. Max Otto Bruker – Der Gesundheitsarzt", Retap Verlag, Bonn 2001.

Siegfried Pater: „Zum Beispiel McDonald's", Lamuv Verlag, Göttingen 2000.

Siegfried Pater: „Zu süß: Ein Richter klagt gegen Coca-Cola", in: Publik-Forum, 5/2002.

Mark Pendergrast: „Für Gott, Vaterland und Coca-Cola", Zsolnay-Verlag, Wien 1993.

Eric Schlosser: „Fast Food Gesellschaft", Riemann Verlag, München 2002.

Christian Tenbrock: „Local Coke – Ein ZEIT-Gespräch mit Douglas Daft, dem Chairman und Chief Executive des Erfrischungsgetränke-Riesen", in: Die Zeit, 37/2000.

Wissenschaftlicher Informationsdienst des Europäischen Institutes für Lebensmittel- und Ernährungswissenschaften (EU.L.E), Schwerpunktheft Colagetränke, EU.L.E.N-Spiegel, 6/1998. (Auszug: siehe Kapitel „Geheimnisvolle Rezeptur")

Zeitschrift für Kulturaustausch und internationale Solidarität: Schwerpunktheft „Cultur light – Das Coke-Imperium", März 1986.

Über den Autor

Siegfried Pater, freier Buchautor, Filmemacher, Journalist, lebt in Bonn, beschäftigt sich mit medizinisch-ethischen, ökologischen und entwicklungspolitischen Themen und ist seit zwei Jahrzehnten dem Big Mäc auf der Spur, hat mehrere Bücher (u. a. „Zum Beispiel McDonald's") und Filme über Fast Food veröffentlicht und ist unermüdlicher Vortragsreisender. Da ein Menü bei McDonald's ohne Coca-Cola nicht vorstellbar ist, beschäftigte sich der Autor auch mit der braunen Brause. Er recherchierte Erschreckendes über den globalen Siegeszug des „Symbols der Freiheit".